# MUDE DE DIREÇÃO!

# MUDE DE DIREÇÃO!

Uma **HISTÓRIA VERÍDICA** sobre a transformação de seguidores em **LÍDERES**

## L. DAVID MARQUET
Autor de *A Linguagem da Liderança*

PREFÁCIO POR STEPHEN R. COVEY
Autor de *O 8° Hábito*

ALTA BOOKS
GRUPO EDITORIAL
Rio de Janeiro, 2023

# Mude de Direção!

Copyright © 2023 da Starlin Alta Editora e Consultoria Eireli.
ISBN: 978-85-5081-521-3

*Translated from original Turn the Ship Around!. Copyright © 2012 by Louis David Marquet. ISBN 9781591846406. This translation is published and sold by permission of Penguin Random House LLC, the owner of all rights to publish and sell the same. PORTUGUESE language edition published by Starlin Alta Editora e Consultoria Eireli, Copyright © 2023 by Starlin Alta Editora e Consultoria Eireli.*

Impresso no Brasil – 1ª Edição, 2023 – Edição revisada conforme o Acordo Ortográfico da Língua Portuguesa de 2009.

---

**Dados Internacionais de Catalogação na Publicação (CIP) de acordo com ISBD**

M357m    Marquet, L. David
        Mude de Direção! Uma História Verídica Sobre a Transformação de Seguidores em Líderes / L. David Marquet ; traduzido por Flavio Badim – Rio de Janeiro : Alta Books, 2023.
        256 p. ; 16cm x 23cm.

        Tradução de: Turn the Ship Around!
        Inclui índice.
        ISBN: 978-85-5081-521-3

        1. Administração. 2. Liderança. I. Badim, Flavio. II. Título.

2022-1416        CDD 658.4092
        CDU 65.012.41

**Elaborado por Vagner Rodolfo da Silva – CRB-8/9410**

Índice para catálogo sistemático:
1. Administração : Liderança 658.4092
2. Administração : Liderança 65.012.41

---

Todos os direitos estão reservados e protegidos por Lei. Nenhuma parte deste livro, sem autorização prévia por escrito da editora, poderá ser reproduzida ou transmitida. A violação dos Direitos Autorais é crime estabelecido na Lei nº 9.610/98 e com punição de acordo com o artigo 184 do Código Penal.

A editora não se responsabiliza pelo conteúdo da obra, formulada exclusivamente pelo(s) autor(es).

**Marcas Registradas:** Todos os termos mencionados e reconhecidos como Marca Registrada e/ou Comercial são de responsabilidade de seus proprietários. A editora informa não estar associada a nenhum produto e/ou fornecedor apresentado no livro.

**Erratas e arquivos de apoio:** No site da editora relatamos, com a devida correção, qualquer erro encontrado em nossos livros, bem como disponibilizamos arquivos de apoio se aplicáveis à obra em questão.

Acesse o site **www.altabooks.com.br** e procure pelo título do livro desejado para ter acesso às erratas, aos arquivos de apoio e/ou a outros conteúdos aplicáveis à obra.

**Suporte Técnico:** A obra é comercializada na forma em que está, sem direito a suporte técnico ou orientação pessoal/exclusiva ao leitor.

A editora não se responsabiliza pela manutenção, atualização e idioma dos sites referidos pelos autores nesta obra.

---

**Produção Editorial**
Grupo Editorial Alta Books

**Diretor Editorial**
Anderson Vieira
anderson.vieira@altabooks.com.br

**Editor**
José Ruggeri
j.ruggeri@altabooks.com.br

**Gerência Comercial**
Claudio Lima
claudio@altabooks.com.br

**Gerência Marketing**
Andréa Guatiello
andrea@altabooks.com.br

**Coordenação Comercial**
Thiago Biaggi

**Coordenação de Eventos**
Viviane Paiva
comercial@altabooks.com.br

**Coordenação ADM/Finc.**
Solange Souza

**Coordenação Logística**
Waldir Rodrigues

**Gestão de Pessoas**
Jairo Araújo

**Direitos Autorais**
Raquel Porto
rights@altabooks.com.br

**Produtor Editorial**
Thales Silva

**Produtores Editoriais**
Illysabelle Trajano
Maria de Lourdes Borges
Paulo Gomes
Thiê Alves

**Equipe Comercial**
Adenir Gomes
Ana Carolina Marinho
Ana Claudia Lima
Daiana Costa
Everson Sete
Kaique Luiz
Luana Santos
Maira Conceição
Natasha Sales

**Equipe Editorial**
Ana Clara Tambasco
Andreza Moraes
Arthur Candreva
Beatriz de Assis
Beatriz Frohe

Betânia Santos
Brenda Rodrigues
Caroline David
Erick Brandão
Elton Manhães
Fernanda Teixeira
Gabriela Paiva
Henrique Waldez
Karolayne Alves
Kelry Oliveira
Lorrahn Candido
Luana Maura
Marcelli Ferreira
Mariana Portugal
Matheus Mello
Milena Soares
Patricia Silvestre
Viviane Corrêa
Yasmin Sayonara

**Marketing Editorial**
Amanda Mucci
Guilherme Nunes
Livia Carvalho
Pedro Guimarães
Thiago Brito

---

**Atuaram na edição desta obra:**

**Tradução**
Flavio Badim

**Revisão Gramatical**
Alessandro Thome
Fernanda Lutfi

**Copidesque**
Thaís Cotts

**Diagramação**
Bruno Olivoto

**Capa**
Paulo Gomes

Editora afiliada à:

Rua Viúva Cláudio, 291 – Bairro Industrial do Jacaré
CEP: 20.970-031 – Rio de Janeiro (RJ)
Tels: (21) 3278-8069 / 3278-8419
**www.altabooks.com.br** – altabooks@altabooks.com.br
**Ouvidoria:** ouvidoria@altabooks.com.br

ELOGIOS A

# Mude de Direção!

"Eu não conheço um modelo melhor para se empoderar na liderança do que este do Capitão Marquet. E, nas páginas que seguem, você encontrará um modelo para o seu caminho."

— Stephen R. Covey, autor de *Os 7 Hábitos das Pessoas Altamente Eficazes*

"Dizer que eu sou fã de David Marquet seria pouco. Sou um total entusiasta. Ele é o tipo de líder que aparece apenas uma vez por geração. É o tipo de líder que sabe não somente como liderar, mas também como formar líderes. Suas ideias e lições são inestimáveis para todas as pessoas que queiram construir uma organização que dure por muito tempo após sua saída."

— Simon Sinek, otimista e autor de *Comece pelo porquê*

"Como liberamos o intelecto e a iniciativa de cada membro da organização em direção a um propósito comum? Eis a resposta: com narrativas fascinantes e uma compreensão sobre o que motiva e inspira. David Marquet fornece um veículo poderoso aos líderes nas forças armadas, nos negócios e na educação, que irá encantá-los, provocá-los e encorajá-los a agir."

— Michael P. Peters, presidente do St. John's College, Santa Fe

"Eu devo muito ao Capitão David Marquet, não somente por haver mudado a direção do *Santa Fe* em situações REALMENTE ruins. Com ele aprendi muitas lições sobre liderança que têm sido inestimáveis na minha vida pós-Marinha. Eu prego as três vertentes (controle, competência e clareza) do líder-líder todos os dias para empoderar minha equipe e conduzir as decisões para onde a informação está. Usei esses princípios para mudar a direção do departamento de manutenção de geradores da GE Dallas, que estava em crise quando cheguei, em 2010, e hoje é o melhor departamento de manutenção de geradores na rede. Atualmente, tenho a tarefa de mudar o rumo do departamento de manutenção de turbinas a vapor de Dallas."

— Adam McAnally, líder de célula de turbinas a vapor, Centro de Serviços GE Dallas, e ex-membro da tripulação do USS *Santa Fe*

"Esta leitura impressionante realmente fornece novos e valiosos insights sobre como liderar. E nada importante é feito sem liderança. O Capitão Marquet conduz por sua própria experiência de aprendizado em como liderar e apresenta uma fórmula vencedora: não de líder-seguidor, mas de líder-líder. Trata-se de liderar influenciando os outros a tomar para si a responsabilidade — e gostar disso. Funciona para os negócios, a política e a vida."

— Leslie H. Gelb, presidente emérito do Conselho de Relações Exteriores, membro de diversos conselhos de administração e ex-colunista do jornal *The New York Times*

"É o encontro de *A caçada ao Outubro Vermelho* com a Escola de Administração de Harvard. *Mude de direção!* é o livro completo sobre liderança para a Era da Informação — onde expandir o capital intelectual dos trabalhadores do conhecimento é decisivo para otimizar o desempenho organizacional, desde maximizar a participação de mercado e minimizar a rotatividade dos clientes à melhoria das margens de lucro. A tese do Capitão Marquet é uma completa mudança de paradigma na filosofia de liderança. Esta nova abordagem sobre liderança é aplicável em todas as indústrias e em todas as funções corporativas. Se você é um entusiasta ou expert sobre comportamento organizacional ou liderança, este livro pode exercer um impacto substancial sobre você e sobre a habilidade de sua organização em atingir suas metas."

— Joe DeBono, fundador e presidente da MBA Corps e gestor de patrimônio da Merrill Lynch

"A mensagem de David Marquet em *Mude de direção!* inspira o empoderamento de pessoas engajadas e a liderança em todos os níveis. Ele encoraja líderes a liberar energia, intelecto e paixão em todos a sua volta. *Mude de direção!* desafia o paradigma da organização hierárquica ao revelar o processo de desconstruir estruturas piramidais, criar uma organização horizontal e desenvolver líderes, não seguidores."

— Dale R. Wilson, Sr., profissional de gestão de negócios e editor/blogger na Command Performance Leadership

"Esta é a história da experiência sem precedentes do Capitão David Marquet no mais rígido dos ambientes: o submarino nuclear *Santa Fe*, da Marinha dos Estados Unidos. Ele teve a coragem de agir contra a cultura, reestruturando a própria definição de liderança aceita pela Marinha dos EUA ao longo de sua história, e assumiu riscos enormes para fazer isso. O resultado foi revolucionário: dentro de poucos meses, a tripulação do *Santa Fe* foi do último ao primeiro lugar. Na atual era da informação, o capital humano é nosso recurso mais precioso. É a grande aposta para o século XXI. O experimento do Capitão David Marquet em liderança tem ampla aplicação para todo o mundo dos negócios. Isso é liderança de pensamento."

— Charlie Kim, fundador e CEO da Next Jump, Inc.

"Líderes e gestores enfrentam um mundo cada vez mais complexo, onde execução precisa, trabalho em equipe e possibilitar o talento são vantagens competitivas. David Marquet fornece um modelo, além de exemplos reais e formas de implementação. Qualquer um que tenha a responsabilidade de liderar e fazer a diferença precisa ler este livro."

— John Cooper, presidente e CEO da Invesco Distribuidores

"Este livro de David Marquet discute a 'motivação eficaz' que proporcionou a sua equipe a energia para superar obstáculos. Os valores que ele inspirou em seu pessoal deram a eles uma injeção de ânimo que os energizou positivamente ao satisfazer suas necessidades de realização — fornecendo reconhecimento apropriado, senso de pertencimento, desenvolvendo a autoestima, a sensação de controle e permitindo uma habilidade de corresponder aos padrões apropriados. Esse tipo de liderança energiza a força de trabalho e permite à gestão sênior planejar o futuro e iluminar um caminho que traz todo o time para ele. Esta é uma leitura essencial para todos que desejam uma boa influência moral sobre seus trabalhadores!"

— Vice-almirante Al Konetzni (aposentado pela Marinha dos EUA),
ex-comandante da frota de submarinos do Pacífico

"O legado de um comandante ou o líder de qualquer organização é o quão bem a organização se mantém depois que ele/ela deixa o cargo, assim como a motivação, o sucesso e a contribuição institucional da geração subsequente de líderes. Leia *Mude de direção!* e você aprenderá como construir indivíduos com alto desempenho permanente e motivados para o trabalho."

— Almirante Thomas B. Fargo (aposentado pela Marinha dos EUA),
ex-comandante do Comando do Pacífico dos EUA,
presidente das Indústrias Huntington Ingalls

"A jornada de liderança envolvente do Capitão Marquet inspira cada um de nós a imaginar um mundo onde cada ser humano é intelectualmente engajado e profundamente comprometido em resolver os desafios mais difíceis. Se pode ser feito em um submarino nuclear, pode ser feito em qualquer lugar. *Mude de direção!* traz uma mensagem brilhante."

— Liz Wiseman, autora de *Multiplicadores: Como os bons líderes valorizam você*

"O que aprendi de e com David Marquet é que devemos desenvolver uma cultura da base para o topo, líder-líder, que gere pessoas altamente empoderadas e equipes altamente eficazes. Funcionou em um submarino nuclear e funcionou nas montanhas do Afeganistão. Porém, é muito mais fácil falar em cultivar uma cultura líder-líder do que fazer, pois é necessário abrir mão de quase tudo o que as pessoas pensam e aprenderam sobre liderança."

— Capitão (Sel) Dave Adams, marinha dos EUA, ex-oficial de Armas do USS *Santa Fe*, comandante da Equipe de Reconstrução de Províncias (ERP) da Província de Khost, comandante do USS *Santa Fe*

"David Marquet foi escolhido a dedo para fazer uma grande mudança na tripulação de um submarino que estava perdida. Com liderança e caráter, ele não só mudou a direção, mas também foi mentor e cultivou um número sem precedentes de futuros comandantes e marinheiros sênior que continuaram a criar mais líderes onde quer que servissem. Seus métodos e suas lições se aplicam a todos os desafios de liderança nas forças armadas, nos negócios ou no meio acadêmico."

— Contra-almirante Mark Kenny (aposentado pela Marinha dos EUA), CEO da KennCor

Dedicado à tripulação do USS *Santa Fe*

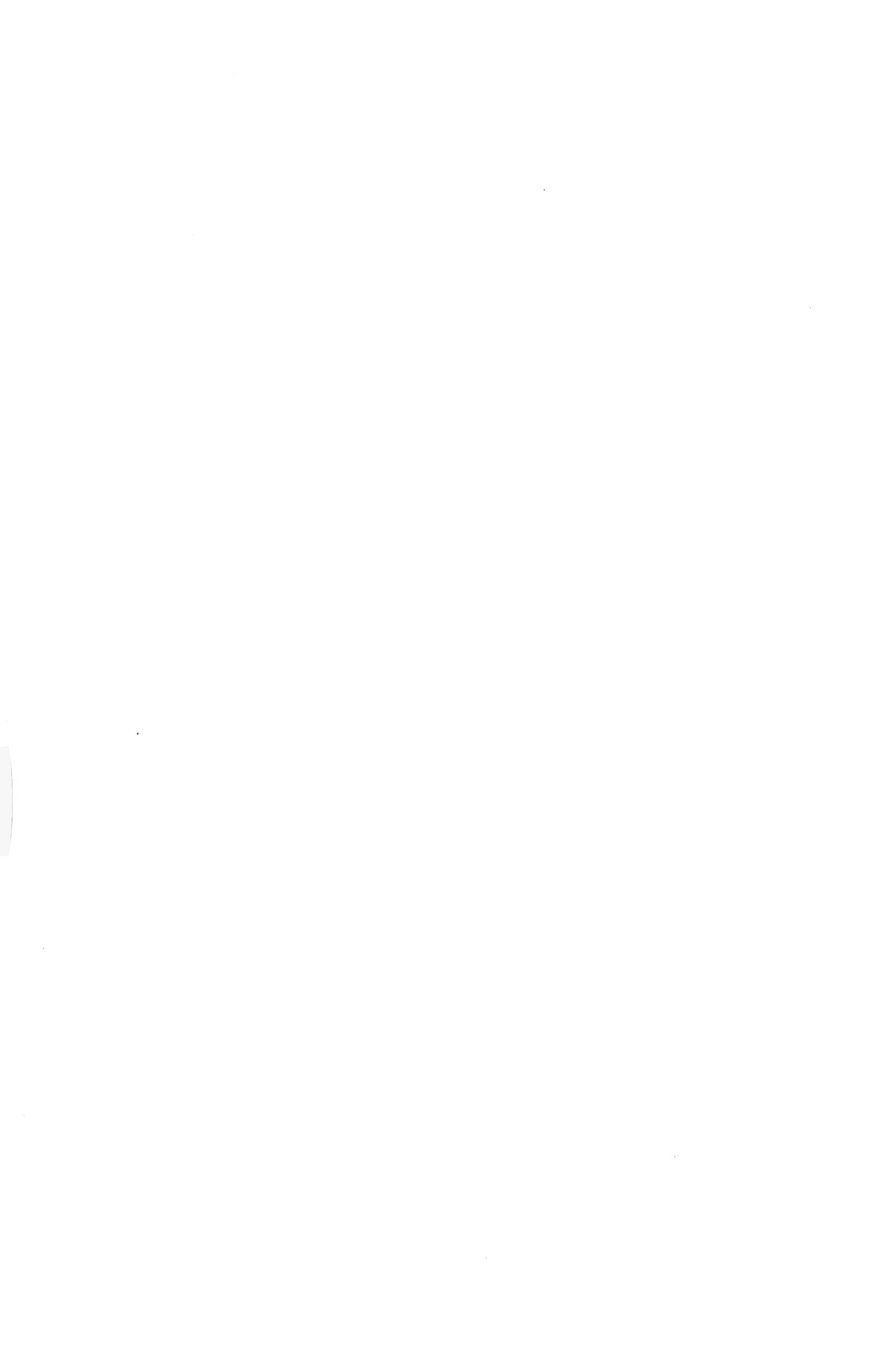

# AGRADECIMENTOS

Gostaria de agradecer à tripulação do USS *Santa Fe* que serviu comigo de 1999 a 2001. Eles deixaram de lado suas noções do que era conhecido e se engajaram comigo em uma jornada corajosa. Qualquer sucesso que tive, devo a eles.

Meu reconhecimento ao meu editor, Clint Greenleaf, que mostrou confiança em meu projeto depois de um encontro ao acaso em Nova York.

O almirante Hyman G. Rickover merece crédito por estabelecer o programa de propulsão nuclear naval. Ele me entrevistou em 1981, me selecionou para o programa e deu a mim a oportunidade de comandar um submarino movido a energia nuclear.

Eu gostaria de agradecer aos líderes inspiradores com os quais servi na Marinha, incluindo Marc Pelaez, Steve Howard, Mark Kenny e Al Konetzni.

Um grande agradecimento aos meus leitores Dan Gillcrist, Jack Harrison, Lauren Kohl e Rob Tullman, que melhoraram imensamente o texto desta obra.

Agradeço especialmente a Arthur Jacobson. Seu suporte me sustentou durante os momentos em que o projeto estava em risco de falhar.

Stephen Covey esteve a bordo do *Santa Fe* em 2000 e teve um papel extremamente importante. Não apenas suas palavras em *Os 7 Hábitos* mostraram um caminho que eu não havia visto antes, mas também seu entusiasmo e sua fé no projeto me ajudaram a manter minha decisão.

Simon Sinek teve um papel como inspiração, mentor, crítico e coach. Ele me ajudou a encontrar meu "Por quê". Obrigado, Simon.

Eu gostaria de agradecer particularmente a minha esposa, Jane, que me deu a coragem para seguir meu próprio caminho e suportou o período em que eu tentava contar esta história.

# CONTEÚDO

*Agradecimentos* — *xi*
*Prefácio* — *xvii*
*Introdução* — *xxi*
*Personagens* — *xxix*

## PARTE I
### RECOMEÇANDO
## 33

| | |
|---|---|
| Dor | 35 |
| Negócios, Como Sempre | 43 |
| Mudança de Rumo | 49 |
| Frustração | 55 |
| Chamada para a Ação | 61 |
| "Qualquer Coisa que Me Digam para Fazer!" | 67 |
| "Eu Rendo Você!" | 71 |

## PARTE II

### CONTROLE
# 77

| | |
|---|---:|
| Mudança, em uma Palavra | 79 |
| "Bem-vindo a bordo do Santa Fe!" | 89 |
| Navegando com Energia Nuclear | 97 |
| "Eu Pretendo…" | 105 |
| Levantar Periscópio! | 113 |
| Quem é o Responsável? | 121 |
| "Um novo submarino" | 127 |
| "Temos um Problema" | 133 |

## PARTE III

### COMPETÊNCIA
# 139

| | |
|---|---:|
| "Erros Acontecem!" | 141 |
| "Aprendemos" | 149 |
| Navegando para San Diego | 157 |
| Todos Presentes e Contabilizados | 163 |
| Preparativos Finais | 173 |

## PARTE IV
### CLAREZA
# 181

| | |
|---|---|
| Navegando para o Destacamento | 183 |
| Uma Recordação da Guerra | 193 |
| Liderança em Todos os Níveis | 199 |
| Uma Passagem Perigosa | 205 |
| Olhando para o Futuro | 209 |
| Eficácia de Combate | 215 |
| Regresso | 221 |
| Um Novo Método de Reabastecimento | 229 |
| Ondulações | 235 |
| | |
| *Posfácio* | *239* |
| *Glossário* | *241* |
| *Notas* | *249* |
| *Índice* | *251* |

# PREFÁCIO

Tive a oportunidade de navegar no USS *Santa Fe* durante uma viagem comandada pelo Capitão Marquet e observei em primeira mão os reflexos de sua abordagem de liderança. Ela tinha um impacto profundo em termos de ambientes de trabalho empoderados e engajados.

Eu estava aplicando treinamentos de liderança a oficiais da Marinha dos EUA durante a era "ponto.com" quando comecei a ouvir sobre algo realmente especial acontecendo em um submarino no Havaí, e, quando surgiu uma oportunidade de navegar no *Santa Fe*, eu a abracei, e embarquei no submarino do Capitão Marquet para saber sobre o que tanto falavam. Eu nunca havia observado tal empoderamento antes. Nós estávamos na ponte deste submarino nuclear de vários bilhões de dólares nas águas cristalinas próximas a Lahaina, Maui, movendo-nos silenciosamente ao longo da superfície da água. Pouco tempo depois de zarparmos, um jovem oficial aproximou-se do capitão e disse: "Senhor, eu pretendo submergir o submarino em 400 pés." O Capitão Marquet perguntou sobre os contatos do sonar e a profundidade final e então instruiu esse jovem a nos dar outros poucos minutos na ponte antes de colocar seu plano em prática.

Ao longo do dia, pessoas se aproximavam do capitão com a intenção de fazer isto ou aquilo. O capitão algumas vezes perguntava uma coisa ou outra, e então dizia: "Muito bem." Ele reservava somente as decisões do tipo "ponta do iceberg" para sua própria confirmação. Os outros 95% das decisões — a grande massa do iceberg — foram tomadas sem nenhum envolvimento ou confirmação do capitão. Onde quer que eu fosse no submarino — a sala de controle, a sala de torpedos e até mesmo a galeria onde era preparado o almoço —, testemunhava uma atividade intensa de operações que eu não esperava. A tripulação era incrivelmente envolvida, e o compartilhamento de informações era feito por meio de conversas básicas.

Não sou capaz de afirmar que realmente tenha visto o capitão dar uma ordem sequer.

Perguntei a David como ele conseguiu aquela grande mudança, e ele disse que queria empoderar as pessoas em sua equipe ao máximo, dentro dos limites da Marinha e, talvez, um pouquinho mais. Notei nele uma piscada de olhos dissimulada quando ele me disse isso. Ele sentia que, se demandasse de sua equipe a apropriação do problema e da solução, eles começariam a se ver como um elo imprescindível na cadeia de comando. David criou uma cultura em que aqueles marinheiros tinham um senso real de agregar valor, mas essa resposta deixa claro apenas seu objetivo, não o que realmente é preciso fazer — desde a pessoa no topo da organização às demais — para conseguir isso.

Como você cria uma organização como essa? O que é preciso?

A resposta está neste livro.

### O que Eu Adoro Neste Livro

Em primeiro lugar, esta é uma grande história, uma história sobre autodescoberta, tensão e as dúvidas internas e solitárias do líder que se lança em um caminho desconhecido. Sabemos agora que o experimento do Capitão Marquet no *Santa Fe* foi bem-sucedido, mas, naquele momento, nem ele e nem a tripulação corajosa que abraçou esse novo jeito de administrar uma organização sabia se o projeto funcionaria.

Em segundo lugar, o livro fornece os mecanismos específicos que foram usados no *Santa Fe* para alcançar a transformação. Aprendemos o que foi feito, como a tripulação reagiu — bem ou mal — e como os mecanismos amadureceram ao longo do tempo. A boa notícia é que esses mecanismos dizem respeito a como interagimos com as pessoas e são universalmente aplicáveis. Você pode aplicá-los em sua organização — negócio, escola, governo e família.

Em terceiro lugar, o livro apresenta uma mudança abrangente de paradigma em relação ao que pensamos sobre liderança. O Capitão Marquet cunhou a expressão "líder-líder" para diferenciá-la da abordagem líder-seguidor, na qual os modelos tradicionais de liderança se baseiam. Acredito que expor essa distinção em termos tão opostos é uma boa ideia. Tendo testemunhado pessoalmente como o *Santa Fe* operava, posso afirmar que essa nova forma não é uma modificação sutil de como fazemos negócios atualmente; é fundamentalmente diferente, e é onde seu poder se encontra.

## Por que Você Quer Ler Este Livro

Não importa que posição ocupe na estrutura de sua empresa, você vai querer ler este livro. As pessoas no topo aprenderão como podem liberar a paixão, o intelecto e a energia das que estão abaixo delas. Elas podem agir involuntariamente e tomar medidas que vão contra esses objetivos.

As pessoas na linha de frente também encontrarão formas de se envolver no processo decisório e de tornar mais fácil delegar o controle.

Estamos no meio de uma das mais profundas mudanças na história da humanidade, onde o trabalho humano primário está mudando do "controle" da Era Industrial para a "libertação" da Era do Trabalhador do Conhecimento. Como Albert Einstein disse: "Os problemas significativos que encontramos não podem ser resolvidos com o mesmo nível de pensamento em que estávamos quando nós os criamos." Eles certamente não serão resolvidos por uma só pessoa; até mesmo, e especialmente, pela pessoa "no topo".

O futuro brilhante do nosso mundo será construído por pessoas que descobriram que a liderança é a arte ativadora. É a arte de liberar o talento e o potencial humanos. Você pode até "comprar" a presença de uma pessoa com um contracheque, um cargo, poder ou medo, mas genialidade, paixão, lealdade e criatividade obstinada de um ser humano são entregues apenas *voluntariamente*. Os maiores problemas do mundo serão solucionados por "voluntários" libertos e apaixonados.

Esta é minha definição de liderança: é comunicar às pessoas seu valor e seu potencial tão claramente, que elas se sintam inspiradas ao vê-los em si mesmas.

Eu não conheço outro modelo deste tipo de liderança empoderadora que seja melhor do que o do Capitão Marquet. E, nas páginas a seguir, você encontrará um modelo para o seu caminho.

Lembre-se, liderança é uma escolha, não uma posição. Desejo sucesso a você em sua viagem!

— Stephen R. Covey, primavera de 2012

# INTRODUÇÃO

As pessoas estão frustradas.

A maioria de nós está pronta a dar seu melhor quando começa em um novo trabalho. Normalmente, estamos cheios de ideias sobre formas de fazer as coisas de um jeito melhor. Oferecemos com entusiasmo toda nossa capacidade intelectual, e o que ouvimos é que isso não faz parte do nosso trabalho, que já foi tentado antes ou que não deveríamos criar problemas. A iniciativa é vista com ceticismo. Nosso trabalho é reduzido a seguir uma série de instruções. Nossa criatividade e inovação passam desapercebidas. Finalmente, paramos de tentar e simplesmente cumprimos as regras. Com resignação, sobrevivemos. Muito frequentemente, é como a história de nossa vida profissional termina.

Mesmo os funcionários mais promissores podem passar por essa espiral evolucionária descendente. Ian, por exemplo, poderia ter sido considerado um funcionário-modelo pela companhia multibilionária de comunicações que o contratou. Em vez disso, sua primeira experiência corporativa de emprego foi tão desanimadora, que ele jurou nunca mais voltar. Atualmente, ele é um empreendedor. Quando perguntei a Ian o que deu errado, ele me disse: "Conseguia terminar o trabalho que eu tinha para fazer em um dia em apenas duas horas. Pedia mais e tudo que ouvia era: 'no tempo certo, meu jovem'. Eu não tinha nenhum poder de decisão." E isso em uma companhia que tem a reputação de ter uma liderança empática e produtos inovadores!

Ian deixou a empresa e encontrou uma forma mais satisfatória de utilizar seu tempo. "Sabe, talvez com o passar do tempo as coisas tivessem melhorado, mas quem quer apostar sua carreira — ou melhor, sua energia vital — na esperança de uma mudança radical em uma empresa estabelecida e 'bem-sucedida'? Eu optei por seguir em busca dos meus sonhos, e é o que tenho feito."

Se sentiu o impulso de seguir o exemplo de Ian, você não está sozinho. A satisfação dos trabalhadores nos Estados Unidos está em um dos índices mais baixos dos últimos tempos.[1] O engajamento e comprometimento dos trabalhadores com seus empregadores também está em baixa.[2] Em novembro de 2011, a taxa de desemprego foi de 9% durante 31 meses. Você poderia imaginar que todo mundo que tivesse um trabalho estaria feliz somente pelo fato de ter um trabalho, mas esse não era o caso.

Essa falta de comprometimento voluntária está custando bilhões em produtividade perdida. Empregados desinteressados, insatisfeitos e descomprometidos minam os resultados de uma organização ao mesmo tempo em que destroem a motivação de seus colegas. O instituto Gallup estima que, dentro da força de trabalho dos EUA, o custo é maior do que US$300 bilhões somente em produtividade perdida.[3] Apesar de serem grandes, minha percepção é a de que esses custos ficam menores se comparados aos de alegria e felicidade perdidas.

Os gestores também estão frustrados.

Se você é um gestor ou gestora, é provável que tenha se sentido imobilizado pela falta de paixão e pelo sentimento de propriedade que vê em suas equipes. Você provavelmente tentou encorajá-los a tomar decisões somente para fazer com que muitos parecessem mais confortáveis simplesmente fazendo as coisas que são pedidas a eles. Programas de empoderamento começam bem, mas não se sustentam. Novos funcionários chegam à organização direto da escola esperando receber instruções de como fazer seus trabalhos.

Essa situação existe até mesmo nas melhores empresas. Por exemplo, o Dr. Scott Mesh é o CEO da Los Niños, uma empresa dedicada a prestar assistência com desenvolvimento educacional de crianças com necessidades especiais. A Los Niños foi a vencedora do prêmio "Melhores Empresas para se Trabalhar em Nova York" várias vezes nos últimos anos. Conheci alguns dos funcionários de Scott e vi que ele montou uma equipe de elite.

Ainda assim, Scott tinha suas frustrações. "Tenho que ficar próximo demais. Algumas pessoas cuidam das coisas — elas as tomam para si, desenvolvem, gostam do que fazem e obtêm grandes resultados. Outras precisam ser lembradas — talvez elas não façam um acompanhamento.

Ele não está sozinho. Um estudo recente indicou que 44% dos líderes de empresas relataram seu desapontamento com os resultados do desempenho de seus funcionários.[4]

Esse descontentamento de ambas as partes no ambiente de trabalho tem uma causa raiz: nosso modelo atual de liderança, que está terrivelmente defasado.

## O Problema: Líder-Seguidor

Quando servi na Marinha dos Estados Unidos, tive uma experiência inicial com um modelo de liderança defasado. Eis o que meu livro de liderança da Academia Naval dizia sobre o que era ser um líder:

> Liderança é a arte, ciência ou dom pelo qual uma pessoa é habilitada e privilegiada a dirigir os pensamentos, os planos e as ações de outros, de forma a obter e comandar sua obediência, sua confiança, seu respeito e sua cooperação leal.[5]

Em outras palavras, liderança, para a Marinha, e para muitas organizações, tem a ver com controlar pessoas. Ela divide o mundo em dois grupos de pessoas: líderes e seguidores. Muito do que estudamos, aprendemos e praticamos a respeito de liderança hoje em dia segue essa estrutura líder-seguidor. Esse modelo está presente há muito tempo, ele é generalizado. É a estrutura descrita na *Ilíada*, em *Beowulf* e em outros épicos ocidentais. Ele permeia alguns dos romances e filmes mais populares sobre liderança, como *Master and Commander*, de Patrick O'Brian.

As pessoas podem obter ótimos resultados com o modelo líder-seguidor, particularmente com gestores hábeis. O desenvolvimento amplo da agropecuária, as pirâmides no Egito e as fábricas da Revolução Industrial foram todos obtidos com base nessa estrutura, que gerou uma riqueza enorme. Muitos chefes e proprietários ficaram ricos, e seus seguidores também ficaram em situação melhor. É exatamente pelo fato de o modelo líder-seguidor de gerenciar os negócios ter sido tão bem-sucedido que ele é tão atraente e difícil de abandonar. Mas esse modelo se desenvolveu durante um período em que a natureza primária do trabalho humano era física, consequentemente, ele é otimizado para conseguir mais trabalho físico de seres humanos.

Em nosso mundo moderno, o trabalho mais importante que fazemos é cognitivo, então, não é de se espantar que uma estrutura desenvolvida para o trabalho físico não seja a ideal para o trabalho intelectual. Pessoas que são tratadas como seguidores têm as expectativas de seguidores e agem como seguidores. Como seguidores, elas têm autoridade limitada para a tomada de decisões e pouco incentivo para dar o máximo de seu intelecto, de sua energia e paixão. Aqueles que recebem ordens normalmente fazem metade do que poderiam, subutilizando sua imaginação e iniciativa. Se por um lado isso não importa muito para remar um trirreme, faz toda a diferença ao operar um submarino movido a energia nuclear.

Essa é uma limitação reconhecida do modelo líder-seguidor.

Aprendemos que a solução é o empoderamento.

O problema com os programas de empoderamento é que eles contêm uma contradição inerente entre a mensagem e o método. Enquanto a mensagem é "empoderamento", o método — eu sou necessário para empoderar você — fundamentalmente desempodera os funcionários. Isso mina sua mensagem.

Adicionalmente, em uma estrutura líder-seguidor, o desempenho da organização está intimamente ligado à habilidade do líder. Como resultado, há uma tendência natural ao desenvolvimento de uma liderança focada em personalidade. Os seguidores gravitam em torno da personalidade. O desempenho de curto prazo é recompensado. Quando os líderes que tendem a fazer tudo por conta própria e se baseiam na personalidade vão embora, sua falta é sentida, e o desempenho pode mudar significativamente. Psicologicamente, isso é muito gratificante para o líder. É sedutor. Todavia, para a maioria de seus seguidores, é psicologicamente incapacitante. O seguidor aprende a confiar no líder para tomar todas as decisões, em vez de se engajar no processo de trabalho e contribuir para que a organização seja administrada da maneira mais eficiente possível.

### A Solução: Líder-Líder

A estrutura líder-líder é fundamentalmente diferente da estrutura líder-seguidor. Em sua essência, está a crença de que todos podemos ser líderes, e, de fato, é melhor quando todos somos. A liderança não é somente uma qualidade mística que alguns têm e outros não. Como seres humanos, todos temos o que é necessário e todos precisamos usar nossas habilidades de liderança em todos os aspectos de nossa vida profissional.

O modelo líder-líder não somente alcança grandes melhorias em eficácia e moral, como também torna a organização mais forte. O mais grave é que essas melhorias são duradouras e dissociadas da personalidade e presença do líder. As estruturas de liderança são significativamente mais resilientes e não dependem que o líder nomeado esteja sempre certo. Mais do que isso, as estruturas líder-líder naturalmente geram líderes adicionais por toda a organização. E não pode ser parada.

### *Nascido da Falha*

Quando me apresentei para meu primeiro trabalho como oficial júnior no USS *Sunfish* (SSN-649), um submarino de ataque de classe *Sturgeon*, eu era tecnicamente um expert em todos os sistemas da embarcação, incluindo os detalhes particulares da planta do reator. Sempre fui um aprendiz dedicado, e me graduei como primeiro aluno nas turmas de propulsão nuclear e no curso básico de oficial de submarino. Entre esses cursos avançados e meu treinamento na Academia Naval, aprendi muito sobre submarinos e liderança.

A expertise técnica forma a base da liderança na Marinha nuclear, e meu primeiro capitão era uma personificação dessa filosofia.

Ríspido, distante, mas tecnicamente experiente, ele liderou o *Sunfish* durante nosso primeiro e altamente bem-sucedido destacamento. Eu nem me questionei sobre como ele conduzia o submarino — era a forma como as coisas funcionavam. Entre meu primeiro e segundo destacamentos no *Sunfish*, tivemos um novo capitão, o Comandante (depois Contra-Almirante) Marc Pelaez. Um dia, enquanto cruzávamos o Oceano Atlântico durante nosso ciclo de treinamento, em um momento mais tranquilo, vi um grande navio mercante pelo periscópio.

O sonar já o havia detectado, mas não havia certeza de sua distância, porque havia autorização somente para escuta passiva, o modo normal para submarinos. Comentei curiosamente com o chefe do sonar o quão útil seria se pudesse ser emitido um sinal em direção ao navio mercante usando o sonar ativo, algo que raramente fazíamos. O Capitão Pelaez apareceu ao meu lado. "Bem, por que então você não o faz?" Claro que ele sabia a razão: é necessária a permissão do capitão para autorizar a ativação do modo ativo do sonar. Sentindo meu desconforto, ele disse: "Por que você não diz simplesmente: 'Capitão, eu pretendo ativar o sonar para treinamento'?"

Eu tentei.

"Capitão, eu pretendo ativar o sonar para treinamento."

Ele respondeu: "Muito bem." E desapareceu, me deixando sozinho e efetivamente no comando pela primeira vez.

Pela meia hora seguinte, nós emitimos sinais usando todas as combinações de pulsos que podíamos com nosso sonar e fazendo rodízio com todos os operadores na cabine, de forma que eles pudessem ver como era um contato ativo de superfície. Os operadores do sonar adoraram usar o equipamento de novas formas. O chefe gostou de treinar sua equipe. Eu também gostei. Aquela sensação de autoridade e habilidade para criar o treinamento de minha equipe de observação foi um grande estímulo. Eu aguardava ansioso minha próxima oportunidade na observação, e quando não estava lá passava horas estudando e imaginando novas formas de treinar com meu time.

Depois do *Sunfish*, servi como assessor de bandeira no Pentágono, e depois fui para a Escola de Pós-Graduação Naval para um curso de um ano do idioma Russo e um mestrado em assuntos de segurança nacional. Depois dessa pausa, eu estava de volta ao mar, como engenheiro (Eng) a bordo do USS *Will Rogers* (SSBN_659), de 1989 a 1991.

Eu pensei que sabia alguma coisa sobre liderança. Descobri que não.

Minha viagem no *Will Rogers* foi um desastre. Estávamos em um ambiente de liderança hierárquico desanimador. Ninguém queria estar ali. Para mudar a situação, tentei fazer com que a tripulação se envolvesse mais e descentralizasse o processo decisório. Usei todas as técnicas que tinha aprendido para "inspirar e empoderar" minha equipe, mas nenhuma delas parecia melhorar seu desempenho ou sua moral. De fato, acabamos tendo mais problemas. Eu não conseguia entender o que estava saindo errado. Me sentia como Ian e queria sair. Depois de um tempo, tomei de volta a autoridade que havia tentado compartilhar, acompanhei projetos de perto e controlei toda decisão possível.

Oito anos depois de deixar o *Will Rogers*, quando assumi o comando do USS *Santa Fe* (SSN-763), um dos submarinos nucleares de ataque dos mais modernos (SSN), essa experiência teve um grande impacto sobre mim. Os problemas que encontrei no *Santa Fe* me lembraram os que encontrei no *Will Rogers*. Eram fundamentalmente sobre pessoas e liderança, e eu estava determinado a tentar uma nova abordagem.

## Sucesso, Imediatamente e para Sempre

Um submarino nuclear é um lugar improvável para uma revolução de liderança acontecer, porque ele opera em um ambiente implacável. Os prazos são apertados, assim como o espaço interno. Quando ninguém está a mais do que 45 metros de distância da sala de controle, é fácil adotar uma estrutura altamente hierárquica de gestão. A tradição naval e a abordagem do programa naval de propulsão nuclear, que enfatiza responsabilidade e competência técnica, reforçam o acúmulo natural de poder, autoridade e controle no topo. Submarinos, que podem operar por períodos estendidos sem comunicação de rádio, são o mais próximo que temos das fragatas de longa distância de antigamente. Em resumo, eles oferecem o ambiente perfeito para reforçar o modelo líder-seguidor.

Quando assumi o comando do *Santa Fe*, sua tripulação estava no nível mais baixo da frota — tecnicamente, operacionalmente e emocionalmente.

Dentro de um ano, a situação estava totalmente mudada. Fomos do último para o primeiro lugar na maioria das medidas de desempenho, incluindo a que eu mais valorizava: nossa habilidade em reter marujos e oficiais. Os passos foram evolutivos. O resultado foi revolucionário.

O *Santa Fe* teve desempenho excepcional durante o período em que servi como seu capitão. Se fosse somente isso, teria sido a mesma história de liderança baseada em personalidade que atualmente ocupa tanto espaço nas estantes de livros.

Somente dez anos depois pudemos avaliar o verdadeiro sucesso daquele trabalho — com a excelência operacional contínua do *Santa Fe* e as surpreendentes altas taxas de promoção para seus oficiais e tripulação. Esse é o legado do modelo líder-líder.

*Mude de direção!* é a história dessa jornada e das pessoas a bordo do *Santa Fe* que conviveram comigo. Ela descreve essencialmente as quatro fases de minha luta para mudar para melhor a forma que interagíamos. Na Parte I, descrevo como precisei deixar de lado velhas ideias para dar espaço a outras. Nas Partes II, III e IV, descrevo a ponte para o modelo líder-líder e os pilares que a suportam. A ponte é controle, delegar controle aos outros em sua organização, enquanto se mantém a responsabilidade. Controle, conforme descobrimos, somente funciona com uma força de trabalho competente e que entende o propósito da organização. Consequentemente, à medida que o controle é delegado, tanto a competência técnica quanto a clareza organizacional precisam ser fortalecidas. As partes deste livro são geralmente agrupadas nessas categorias, mas a realidade de seu funcionamento é que esses ciclos são repetidos em círculos cada vez maiores.

Imagino um mundo onde todos encontramos satisfação em nosso trabalho. É um mundo onde todo ser humano é intelectualmente dedicado, motivado e autoinspirado. Nossa capacidade cognitiva como espécie é totalmente engajada em resolver os problemas monumentais que encontramos.

Finalmente, este livro é um chamado para a ação, um manifesto para todos aqueles trabalhadores e gestores frustrados para os quais a estrutura atual de liderança não está funcionando. Precisamos rejeitar o líder-seguidor como modelo e enxergar o mundo como um local para líderes em todos os lugares alcançarem essa perspectiva. Se você for um gestor, um funcionário, um professor, um pai/mãe, você encontrará caminhos para trabalhar em direção a esse objetivo.

Divirtam-se e me digam como o líder-líder funcionou para você. Envie suas histórias e reflexões para david@turntheshiparound.com.

# PERSONAGENS

**CAPITÃO MARK KENNY**
Instrutor de aspirantes a comandante e posteriormente comodoro do Sétimo Esquadrão de Submarinos, para o qual o USS *Santa Fe* foi designado.

**CAPITÃO-TENENTE TOM STANLEY**
Oficial executivo do *Santa Fe*, de 1999 a 2000.

**CAPITÃO-TENENTE MIKE BERNACCHI**
Oficial executivo do *Santa Fe*, de 2000 a 2002.

**CAPITÃO-TENENTE RICK PANLILIO**
Engenheiro do *Santa Fe*, de 1998 a 2001.

**CAPITÃO-TENENTE BILL GREENE**
Navegador do *Santa Fe*, de 1997 a 1999.

**TENENTE DAVE ADAMS**
Oficial de Armas do *Santa Fe*, de 1998 a 2001.

**TENENTE CALEB KERR**
Navegador do *Santa Fe*, de 2000 a 2004.

**CHEFE SÊNIOR ANDY WORSHEK**
Chefe do Sonar e chefe do Departamento de Armas do *Santa Fe*, de 1998 a 2002.

**CHEFE DAVID STEELE**
Chefe de Combate a Incêndio do *Santa Fe*, de 1996 a 2000.

**CHEFE BRAD JENSEN**
Chefe nuclear sênior (*superior responsável*) do *Santa Fe*, de 1998 a 2000.

**CHEFE MIKE CIKO**
Chefe nuclear sênior (*superior responsável*) do *Santa Fe*, de 2000 a 2002.

**YN2 SCOTT DILLON**
Líder da Divisão de Soldados do *Santa Fe*, de 1998 a 2001.

**SLED DOG**
Quartel-mestre (cartógrafo de navegação) do *Santa Fe*, de 1998 a 2001.

# MUDE DE DIREÇÃO!

# PARTE I

# RECOMEÇANDO

Nosso maior desafio está em nós mesmos. Qualquer noção que tenhamos sobre nossa concepção de algo é uma barreira para o aprendizado contínuo. No meu caso, minhas ideias sobre liderança foram desenvolvidas por leituras de clássicos ocidentais como *Beowulf* e *Odisseia*, histórias sobre o mar e assistindo a filmes populares. Essas noções de "líder como herói individual" foram fortemente reforçadas quando entrei para a Academia Naval dos EUA.

Nesta parte do livro, descrevo minha frustração, meu questionamento e, por fim, minha rejeição a esse tipo de liderança. Eu não tinha me dado conta até aquele momento, mas a premissa por trás daquela estrutura, tão aceita que se torna verdade, é a de que há líderes e há seguidores. Foi somente depois de libertar minha mente desses modelos preconcebidos que pude ver um caminho verdadeiramente melhor para as pessoas interagirem.

# Dor

Como as falhas moldaram você? Como chefe de departamento, tentei implementar uma nova abordagem de liderança no *Will Rogers*, e falhei.

### 1989: O Mar da Irlanda

Oito mil toneladas de aço moviam-se silenciosamente, escondidas nas profundezas do Mar da Irlanda. Na sala de controle do USS *Will Rogers* (SSBN-659), o oficial de convés deu ordem para que o submarino seguisse em direção às águas mais abertas e profundas do Atlântico Norte. Olhando para o painel de controle de mísseis, ele podia ver o status dos 16 mísseis Poseidon a bordo, cada um capaz de levar 14 veículos de reentrada com múltiplas armas nucleares. Esses mísseis eram a única razão para a existência do *Will Rogers*, um submarino nuclear de mísseis balísticos — SSBN de forma abreviada —, o tipo de submarino que a tripulação carinhosamente chamava de *boomer*. O ponto mais importante para um *boomer* era o seguinte: estar no mar em condição que permitissem executar um disparo se assim fosse ordenado. Os SSBNs eram um componente vital da estratégia militar de intimidação dos EUA.

A sala de controle era o centro nervoso do submarino. Seus 16 mísseis, invulneráveis a ataques quando em curso e submersos, eram tão importantes, que os *boomers* tinham duas tripulações — a Tripulação Azul e a

Tripulação Ouro —, para maximizar o tempo que o submarino poderia passar no mar em patrulha de estratégia intimidadora. As tripulações viviam próximo a New London, em Connecticut, e o *Will Rogers* era operado a partir de uma base avançada em Holy Loch, na Escócia. A cada três meses, as tripulações se revezavam, com um período de transição de três dias. Depois de assumir o submarino, a nova tripulação passava quatro semanas executando manutenções corretivas e preventivas necessárias antes de partir para o mar. Para que os EUA tivessem uma estratégia de intimidação confiável, os mísseis tinham de estar prontos para serem lançados. Se o *Will Rogers* não estivesse pronto a tempo, outro submarino teria de ficar mais tempo no mar.

Desses submarinos com mísseis balísticos, 41 foram construídos entre 1958 e 1965, em resposta à ameaça soviética, uma conquista industrial expressiva. O *Will Rogers* foi o último dos 41 SSBNs que operaram quase que continuamente desde seu lançamento. Esses submarinos originais foram sendo substituídos pela classe Ohio, mais nova e com maior capacidade. Porém, o *Will Rogers* ainda tinha tarefas operacionais importantes a executar. Mesmo assim, após 33 anos, ele era um submarino desgastado. Como agravante, durante a patrulha anterior ao meu embarque, o *Will Rogers* colidiu com uma traineira e foi reprovado em uma certificação importante.

Conferi o quadro na sala de controle. Estávamos no prazo para iniciar o mergulho profundo em cerca de meia hora. Caminhei para a popa, passando pelas fileiras de tubos de mísseis e o compartimento do reator para a sala do motor. Com minha lanterna, comecei a fazer uma verificação de última hora. Todos os reparos tinham sido marcados como finalizados, mas me pareceu uma boa ideia fazer mais uma checagem visual.

Como oficial engenheiro da Tripulação Azul, eu era responsável por inspecionar o reator nuclear e os equipamentos auxiliares importantes, além de supervisionar os sessenta homens que faziam a manutenção e os operavam. Havia uma tensão constante entre fazer as coisas corretamente e cumprir os prazos; todos os membros da tripulação a sentiam. O trabalho era cansativo, e eu não estava gostando muito do modo como as coisas estavam caminhando.

O oficial que substituí estava muito envolvido nos detalhes. Estava sempre revisando documentos técnicos, coordenando a manutenção e outras operações. Eu estava determinado a mudar isso — dando aos homens mais controle sobre seu trabalho, mais autoridade para a tomada de decisão e menos listas de tarefas. Fazendo assim, eu esperava trazer para o *Will Rogers* a paixão que havia experimentado no *Sunfish*. Nesse sentido, estava indo contra a maré.

Um pouco antes de embarcar, tive a oportunidade de navegar em outro SSBN por alguns dias. O submarino estava passando por uma inspeção de combate em andamento, e a tripulação recebeu tarefas diferentes, que requeriam uma coordenação interna significativa. Acompanhei o capitão em suas atividades. Ele estava em todos os lugares: correndo para a sala dos motores, depois para a sala de controle; se apressava para o sonar e de lá para a sala de torpedos. Eu fiquei exausto antes de 24 horas. Nem sei se ele chegou a dormir durante esses três dias que passei o observando.

O submarino passou na avaliação, e o time de inspeção citou especificamente o envolvimento do capitão. Senti-me desconfortável porque sabia que aquela não era a forma que gostaria de administrar um submarino. Mesmo que fosse, sabia que não teria a capacidade física de fazer o que ele fez.

Embora a Marinha encorajasse esse tipo hierárquico de liderança, segui com meu plano inspirado no *Sunfish* para dar controle ao departamento, não ordens. Por exemplo, em vez de dar listas de tarefas aos oficiais e chefes de divisão do *Will Rogers*, dei orientações gerais, pedi que preparassem as listas de atividades e as apresentassem a mim. Ao contrário de dizer a todos o que deveríamos fazer, pediria sugestões sobre como abordaríamos o problema. Em vez de ser o ponto focal coordenando a manutenção entre duas divisões, orientei os chefes de divisão a conversarem um com o outro diretamente.

As coisas não saíram bem. Durante o período de manutenção, cometemos vários erros que nos obrigaram a refazer o trabalho. Nós nos atrasamos. Também tínhamos vários trabalhos que não começaram a tempo porque a gestão de nível intermediário não havia conseguido todas as peças e permissões, ou mesmo deixado a planta de propulsão nas condições necessárias para realizar o trabalho. Ouvi por acaso que as pessoas desejavam o engenheiro anterior de volta, pois ele simplesmente "diria a elas o que fazer". De fato, teria sido muito mais rápido simplesmente dizer às pessoas o que fazer, e frequentemente eu me pegava passando uma lista de ordens, na ansiedade de ver o trabalho terminado. Não estava satisfeito, mas ninguém mais parecia se preocupar muito. Eu parecia ser o único que queria um ambiente de trabalho mais democrático e empoderado, e me perguntava se estaria no caminho correto.

Era incerto, mas, quando o período de manutenção terminou, meus esforços para empoderar os outros colegas pareciam estar funcionando. Havia um senso crescente de otimismo: havíamos terminado no prazo. Todavia, em um momento, percebi que não conseguiríamos.

Desci a escada para o nível mais baixo da sala das máquinas. Estava olhando as várias partes do equipamento com minha lanterna, quando fiquei perplexo com o que vi. As porcas que seguravam os parafusos da trava de um grande permutador de calor de água do mar haviam sido colocadas de maneira incorreta. As porcas não estavam envolvendo completamente as roscas do parafuso. Estavam quase envolvendo, mas eu estava certo de que elas não atendiam à especificação técnica. Alguém havia feito uma gambiarra. Esse resfriador era submetido à pressão total de submersão. Até mesmo um pequeno vazamento poderia causar a entrada de água do mar no submarino com uma força enorme. Uma falha seria catastrófica.

Fiquei muito desapontado. O mergulho profundo deveria iniciar em breve, e eu precisava abortá-lo imediatamente. Precisávamos não só remontar aquele resfriador, como também inspecionar todos os outros, para garantir que o erro não houvesse se repetido. O mais importante de tudo: teríamos de descobrir como isso tinha acontecido.

Chamei o oficial de convés e disse que precisávamos postergar o mergulho profundo, e então comecei uma longa caminhada para comunicar isso ao capitão. Caminhando pelos 16 tubos no compartimento de mísseis, me senti completamente sozinho. A reputação do submarino e do meu departamento seriam afetadas. Meus esforços para empoderar minha equipe haviam falhado. Isso nunca deveria ter acontecido. Como esperado, o capitão se adaptou à situação, mas isso não ajudaria a resolver o problema.

Depois disso, as coisas pioraram. Eu quis dar mais autoridade e controle à minha equipe, mas já não estava mais com essa ideia. Se desse poder ao meu time nas tomadas de decisão, eles tomariam decisões ruins. Se a repreensão era certa, que pelo menos fosse por minha culpa. Voltei a liderar da forma que eu havia aprendido. Instruí pessoalmente cada evento. Aprovei todas as decisões. Estabeleci sistemas em que relatórios chegavam a mim dia e noite. Não dormia bem, porque os mensageiros ficavam me despertando para que eu pudesse tomar decisões. Estava exausto e infeliz. Os homens do departamento também não estavam felizes, mas eles estavam preocupados com seus empregos. Evitei quaisquer problemas adicionais, mas tudo dependia de mim. Encontrei erros diversas vezes. Longe de estar feliz em encontrar esses erros, lamentei minha indispensabilidade e me preocupei com o que aconteceria quando estivesse cansado, dormindo ou errado.

Avaliei como baixas minhas chances de ser escolhido para oficial executivo, meu próximo passo de carreira. Nenhum dos chefes dos outros departamentos no *Will Rogers* havia sido selecionado para oficial executivo, assim como nenhum dos chefes de departamento da Tripulação Ouro. Nenhum oficial executivo foi considerado para capitão. O capitão não foi promovido. O *Will Rogers* era um cemitério de carreiras. Mas eu tinha um plano diferente. Em vez de trabalhar em um submarino, consegui um trabalho na Agência de Inspeções *On-Site* para fazer inspeções *START — Strategic Arms Reduction Treaty* [Tratado de Redução de Armas Estratégicas, em tradução livre], definidas pelo tratado *INF — Intermediate-Range Nuclear Forces* [Forças Nucleares de Alcance Intermediário, em tradução livre], na antiga União Soviética.

Após voltar de uma inspeção em Volgogrado, encontrei uma mensagem na minha caixa de entrada. Eu havia sido selecionado para oficial executivo, o passo seguinte depois do cargo de chefe do Departamento de Engenharia na minha última missão. Eu voltaria para o mar em um submarino. Fiquei sem reação. Oficial executivo era um passo abaixo de capitão. Mas eu tinha sentimentos contraditórios. Teria de lutar com a tensão entre o que aspirava ser como líder e como eu realmente era.

## Pensando Outra Vez

No período em que trabalhei na Agência de Inspeção *On-site*, pensei sobre o que tinha acontecido no *Will Rogers*. Comecei a ler tudo o que podia sobre liderança, gestão, psicologia, comunicação, motivação e comportamento humano, e refleti profundamente sobre o que me motivava e como eu queria ser tratado.

Lembrei-me da energia, paixão e criatividade que eu tinha experimentado gerenciando minha própria equipe no *Sunfish*. Estava motivado a evitar qualquer recorrência da dor, frustração e sensação de vazio de meus três anos no *Will Rogers*, tanto sendo gerenciado quanto gerenciando pessoas.

Ao fim desse estudo, fiquei intrigado por três contradições.

Em primeiro lugar, apesar de gostar da ideia do empoderamento, não entendia por que ele era necessário. Para mim, os seres humanos nasciam em um estado de ação e empoderamento natural. Afinal de contas, não era provável que uma espécie que fosse naturalmente passiva pudesse ter dominado todo o planeta. Os programas de empoderamento parecem ser a reação ao fato de que estivemos sistematicamente minando o poder de decisão das pessoas. Além disso, parece inerentemente contraditório ter um programa de empoderamento no qual eu empoderaria meus subordinados e meu chefe me empoderaria. Senti que meu poder vinha de dentro, e as tentativas de me empoderar pareciam manipulação.

Em segundo, a forma como fui instruído a gerenciar pessoas não foi a forma como gostaria de ser gerenciado. Senti que dava o meu melhor quando recebia objetivos específicos, mas com liberdade ampla para determinar como alcançá-los. Não reagia bem ao executar um conjunto de tarefas. De fato, ser tratado daquela forma era irritante e me fazia "desligar meu cérebro". Aquilo era intelectualmente desgastante, sem nenhuma gratificação.

Por fim, estava perturbado pela correlação entre a competência técnica do líder e o desempenho da organização. Submarinos com um "bom" oficial comandante funcionavam bem, como no SSBN em que naveguei. Submarinos que não tinham um bom oficial comandante não tinham um bom desempenho. Mas um bom submarino poderia se tornar um mau submarino de uma hora para outra, se um novo oficial comandante embarcasse. E de vez em quando acontecia um contratempo que fazia com que as pessoas lamentassem: "Aconteceu com um submarino tão bom!" Ao que parece, o capitão cometia um erro, e a tripulação, por repetição, simplesmente o seguia. Concluí que a competência não pode ficar somente com o líder; ela tem de correr pela organização inteira.

Em resumo, o que tentei fazer no *Will Rogers* foi administrar um programa de empoderamento dentro de uma estrutura líder-seguidor. A estrutura de liderança, que era reforçada pelas atitudes e expectativas do capitão, era do tipo "Faça o que te mandarem fazer". Consequentemente, todos meus esforços se resumiram a pouco mais do que "Faça o que te mandarem fazer, mas…" Simplesmente não funcionou.

O que eu estava tentando fazer era uma extensão da forma como as coisas haviam funcionado no *Sunfish*. Naquele submarino, fui empoderado, mas a sensação de liderança parou em mim. Os membros de minha equipe eram seguidores no modelo tradicional. O que tornou aquilo tão libertador foi que, durante aquelas seis horas, não me sentia como um seguidor. É o que eu desejava transmitir aos oficiais e à tripulação do Departamento de Engenharia do *Will Rogers*.

Um dos aspectos mais limitantes de nosso aprendizado é nossa crença de que já sabemos algo. Minha experiência no *Will Rogers* me convenceu de que havia algo fundamentalmente errado com a nossa abordagem. Convencer as pessoas a simplesmente ser proativas, se apropriar, estar envolvidas, e todos os outros aspectos de um programa de empoderamento era só o início. Foi somente depois de servir no *Will Rogers* que me abri a novas ideias sobre liderança. Comecei a questionar seriamente a imagem do capitão da Marinha como "mestre e comandante". Comecei a me perguntar se tudo o que havia aprendido sobre liderança não estaria errado.

## QUESTÕES A CONSIDERAR

- Por que precisamos de empoderamento?
- Você precisa que outra pessoa te empodere?
- O quanto sua organização é dependente da tomada de decisões de uma só pessoa, ou de um pequeno grupo de pessoas?
- Em que tipo de modelo de liderança seu negócio ou organização se baseia?
- Quando você pensa em imagens de filmes que retratem liderança, quem/o que vem a sua mente?
- Que premissas estão incorporadas nessas imagens?
- Como essas imagens influenciam a forma como você se vê como líder?
- Até que ponto essas imagens limitam seu crescimento como líder?

# Negócios, Como Sempre

Você e seu pessoal estão buscando otimizar o local onde trabalham apenas enquanto permanecem na instituição ou para sempre? Para promover sucesso de longo prazo, tive de ignorar os sistemas de recompensa em curto prazo.

### Dezembro de 1998: Pearl Harbor, Havaí

O USS *Olympia* (SSN-717) estava saindo do canal principal de Pearl Harbor *sem mim*. Eu não esperava por isso.

Estive em treinamento por 12 meses para assumir o comando daquele submarino específico, e a mudança de comando aconteceu em menos de quatro semanas. Era uma missão dos sonhos. O *Olympia* era um submarino nuclear de ataque de linha de frente — exatamente o que eu queria. Se, por um lado, a missão do *Will Rogers* era se esconder na vastidão do oceano, por outro, os submarinos de ataque eram caçadores e entravam em combate com o inimigo. Estudei a configuração dos equipamentos e os diagramas de distribuição, a planta exata do reator, o cronograma, as armas e todos os relatórios de problemas que o submarino teve nos três anos anteriores. Decorei a situação profissional de cada oficial e li sua biografia. Revisei cada relatório de inspeção: táticas, de reator, de segurança e de serviços de alimentação. Por um ano, não fiz nada mais do que pensar nos marinheiros do *Olympia* e na minha responsabilidade em liderá-los pelos três anos seguintes. Ao modo da Marinha nuclear, eu tinha obtido um conhecimento técnico profundo sobre o submarino. Adorei o treinamento de aspirante a oficial comandante que acabara de concluir. Como aluno, fui responsável somente por mim durante um ano inteiro! Além das especificações do *Olympia*, aprendemos táticas e liderança. Participei de um curso de uma semana sobre liderança em Newport, Rhode Island, e minha esposa, Jane, pôde ir comigo. Todo o programa de treinamento culminou em um período intenso de duas semanas no mar fazendo manobras arrojadas com submarinos e lançando torpedos.

Os oficiais que lideravam o treinamento de aspirantes eram cuidadosamente selecionados entre capitães com experiência comprovada. O Capitão Mark Kenny, que comandou o submarino USS *Birmingham* (SSN-698), de classe *Los Angeles*, liderou meu grupo. Mark nos inspirou a um excelente aprendizado, assim como à introspecção. Todos os dias, aprendíamos sobre nossos submarinos e sobre nós mesmos.

Durante um exercício de abordagem por torpedos, bolei uma manobra detalhada que exporia os submarinos oponentes, tornando-os alvos fáceis para nosso ataque. Previ aos oficiais na sala de controle — neste caso, outros aspirantes a oficial comandante — o que aconteceria. A situação ocorreu exatamente como o previsto, e conseguimos atingir um inimigo silencioso e resistente. Durante o ataque, entretanto, tive de assumir o controle e fazer o trabalho de um ou outro aspirante que tinha ficado confuso.

Pensei ter me saído bem, mas o Capitão Kenny me levou a um canto e me chamou a atenção. Não importava o quão engenhoso meu plano fosse se a equipe não pudesse executá-lo! Foi uma lição muito importante.

O *Olympia* estava indo bem. Seus indicadores de retenção eram bons e suas notas de inspeção estavam acima da média. Operacionalmente, tinha a reputação de fazer o que era preciso em serviço, isto é, cumprir as missões designadas a ele. Perguntava-me que tipo de abordagem de liderança aplicaria a bordo do *Olympia*.

Estava entusiasmado para embarcar naquele submarino poderoso da frota e concluir o processo de transição. Durante o mês em que eu deveria passar a bordo antes de assumir o comando, o submarino ficaria no porto para um período de manutenção, com exceção de dois dias para avaliação de sua capacidade de operar a central do reator. Assim, combinei de acompanhar a equipe de inspeção para encontrar o *Olympia* na entrada de Pearl Harbor.

Aquela teria sido não somente minha única oportunidade de ver o submarino e a equipe operando no mar antes de assumir o comando, mas também uma chance extremamente útil para que eu visse o submarino passar pela inspeção. Estaria sem o envolvimento emocional de ser parte da tripulação, mas seria o responsável por conduzir quaisquer ações corretivas após assumir o comando.

À medida que o *Olympia* aparecia no canal e se aproximava da bacia de manobra, os rádios crepitaram no pequeno barco. O timoneiro reportou os passageiros que aguardavam transferência para o "Oly". A resposta que veio do *Olympia* foi a de que somente a equipe de inspeção embarcaria, o aspirante a oficial comandante *não*. Não fui autorizado a embarcar. "Devo ter entendido errado", imaginei. Observei o submarino mudar de direção e a pequena embarcação o acompanhar, emparelhar a ponte de passagem e transferir a equipe de inspeção para o Oly. Pude ver o capitão, mas não chegamos a fazer contato visual. Depois, a ponte foi erguida e o Oly voltou para o mar. O pequeno barco me levou de volta para a parte interna do porto, onde desembarquei.

Fiquei incomodado com o fato de o capitão não querer que eu estivesse a bordo. Ele me impediu de ver o submarino operar e acompanhar a inspeção. Em menos de um mês, eu seria totalmente responsável pelo desempenho daquele submarino, mas não pude vê-lo em funcionamento.

Porém, de certa forma, quem poderia culpá-lo? Eu ocuparia um lugar no beliche e incomodaria um membro da tripulação. Embora aquele período de dois dias de atividade no mar pudesse ser muito útil para manter o nível de desempenho do *Olympia* depois que partisse, o capitão aparentemente não teve nenhum interesse em facilitar as coisas. Eu poderia criticá-lo? No sistema da Marinha, os capitães são avaliados com base em como suas embarcações desempenham até o dia de sua partida, nem um dia a mais. Depois disso, é problema de outra pessoa.

Pensei sobre isso. Em cada submarino e navio, em cada esquadrão e batalhão, centenas de capitães tomaram milhares de decisões para otimizar o desempenho de seus comandos para apenas e tão somente suas missões. Se fizessem algo em longo prazo, seria por causa de um senso iluminado de dever, não porque havia algo no sistema que os recompensasse por isso. Não associamos a eficácia de liderança de um oficial a quão bem sua unidade se desempenha depois que ele vai embora, ou à frequência com que seu pessoal é promovido após dois, três ou quatro anos. Nem sequer acompanhamos este tipo de informação. Tudo o que importava era o desempenho no momento.

## Nada para Ver Aqui, Siga Adiante

Embarquei no *Olympia* três dias depois, quando ele atracou no píer. Como esperado, ele se saiu bem na inspeção.

Minha transição no *Olympia* foi simples: uma revisão dos registros, inspeções de materiais e entrevistas com os oficiais e a tripulação. À medida que caminhava pela embarcação, notei que a tripulação parecia alerta e confiante. Aparentemente, *muito* confiante, na verdade. Pelo fato de ter um conhecimento detalhado do submarino, dos sistemas e dos relatórios de problemas, eu podia identificar problemas técnicos que gostaria de explorar. Fiz várias perguntas sobre por que as coisas eram feitas de certas maneiras, e as respostas da tripulação foram concisas e diretas. O Oly estava operando com uma estrutura hierárquica, fazendo as coisas do mesmo jeito, e todos gostavam que fosse assim.

Pensava em como eu lideraria o submarino depois que assumisse o comando, e postergei minhas ideias de mudança radical de gestão, pois haveria muita resistência interna. A tripulação, que trabalhava bem, não veria a necessidade de fazê-lo. Eu estava conformado em executar mudanças gradativas na estrutura hierárquica padrão.

É exatamente o sucesso da estrutura hierárquica, do tipo líder-seguidor, que a faz tão atraente. Enquanto o desempenho for medido no curto prazo, isso pode ser eficaz. Os oficiais são recompensados por serem indispensáveis, por sua falta ser sentida depois que vão embora. Quando o desempenho de uma unidade cai depois de um oficial sair, isso é visto como um sinal de que ele era um bom líder, não de que ele foi ineficaz em treinar seu pessoal de maneira adequada.

Outro fator que torna essa abordagem de liderança atraente é a paralisia induzida. Ela tira dos subordinados o trabalho duro de pensar, tomar decisões, ser responsável e prestar contas. Você é somente uma engrenagem, um executor de decisões de outros. "Eu estava somente fazendo o que me disseram para fazer." As pessoas se sentem confortáveis com isso.

Entretanto, há um custo para as pessoas, que se torna evidente apenas com o passar do tempo. Pessoas que são tratadas como seguidoras tratam as outras como seguidoras quando é sua vez de liderar. Um vasto potencial humano inexplorado é perdido como resultado de se tratar as pessoas como seguidores. Somente no longo prazo — três a dez anos depois — é que isso se torna óbvio, mas nesse momento as pessoas já estarão em outras funções.

Com o *Olympia* atracado, acelerei a revisão de minha programação, inspeções e entrevistas. Como já era um expert técnico naquela embarcação, me entediei com o processo de transição e decidi tirar uma semana de férias com minha esposa. Havia um navio de cruzeiro bem interessante, o SS *Independence*, que navegava pelas ilhas do Havaí, e resolvemos passar a última semana antes da mudança de comando em um cruzeiro. Os quatro primeiros dias foram bem relaxantes, observando a beleza das ilhas. Sentia-me confortável com a forma com que o Oly estava operando, e o momento de liderar estava se aproximando — o mesmo tipo com que me deparei no *Will Rogers*.

No quinto dia, pela manhã, enquanto nosso navio passava pela lava do Kilauea que fluía para o oceano, recebi uma chamada telefônica.

Naqueles dias, não era usual receber uma ligação de terra, e supus que fosse uma chamada interna. Fiquei surpreso ao ouvir uma voz entrecortada do outro lado informar que minha transição de comando havia sido cancelada. Em vez do *Olympia*, assumiria o comando do *Santa Fe* logo após o Ano-Novo.

Entrei em pânico. Os fundamentos de minha abordagem de liderança e minha competência técnica seriam direcionados para o submarino errado.

## QUESTÕES A CONSIDERAR

- Na sua organização, as pessoas são recompensadas pelo que acontece depois que elas são transferidas?
- Elas são recompensadas pelo sucesso de seu pessoal?
- As pessoas querem que sintam sua falta quando elas forem embora?
- Quando uma organização tem desempenho pior imediatamente após a saída de um líder, o que isso diz sobre a liderança dessa pessoa? Como a organização vê essa situação?
- Como a perspectiva de horizonte temporal afeta nossas ações de liderança?
- O que podemos fazer para incentivar o pensamento em longo prazo?

# Mudança de Rumo

Qual é o seu nível de comprometimento? Descobri que o ponto mais difícil do meu projeto de mudança era também minha fortaleza.

### Dezembro de 1998: Pearl Harbor, Havaí

A primeira coisa que fiz ao voltar do cruzeiro foi encontrar meu novo chefe e ex-instrutor na formação de aspirante a oficial comandante, o Comodoro Mark Kenny. Em vez de me dirigir aos píeres dos submarinos para continuar minha transição no *Olympia*, dirigi-me ao edifício onde ficava o escritório do comandante da Frota do Pacífico durante o ataque a Pearl Harbor, no dia 7 de dezembro de 1941. Atualmente, os escritórios dos três comandantes de esquadra da Marinha em Pearl Harbor ficam nesse prédio. Estava literalmente tomando uma nova direção. O *Olympia* estava na esquadra 3, e o *Santa Fe*, na esquadra 7. Meu mentor no treinamento de aspirantes, o Comodoro Mark Kenny, acabara de assumir a esquadra 7 e seria meu novo superior. Mark defendeu fortemente que eu fosse designado ao trabalho de mudar as coisas no *Santa Fe*. Ele tinha credibilidade, pois estaria envolvido diretamente com sua recomendação. Por isso fui designado.

Mark me disse, depois, que uma das razões pelas quais defendeu minha indicação foi meu entusiasmo especial pelo aprendizado durante toda a formação de aspirante. Ele pressentia que uma curiosidade interessada seria vital para a mudança do *Santa Fe* e de sua tripulação, um fato que mais tarde eu apreciaria muito, e de formas que até então não poderia imaginar.

Fiquei chocado ao receber a notícia de que assumiria o comando do *Santa Fe*. Não sabia muito sobre o submarino, somente que ele estava atracado em Pearl Harbor e programado para um destacamento em seis meses. Ao contrário do *Olympia*, o *Santa Fe* era um submarino sobre o qual todos faziam piadas durante a formação de aspirantes. Uma foto comprometedora dos tripulantes desatentos do *Santa Fe* havia sido divulgada na internet no ano anterior, o que rendeu uma repreensão ao capitão. Esse fato foi usado no treinamento como exemplo do que não deveria acontecer. O *Santa Fe* era uma embarcação com problemas acontecendo a todo momento e tinha a pior retenção na força de submarinos: em 1998, por exemplo, somente três tripulantes voltaram a ser alistados.

Sobre meu novo trabalho, Mark disse: "Você precisa preparar o *Santa Fe* e sua tripulação para destacamento em seis meses. É um destacamento dos sonhos sob uma perspectiva operacional, com o Grupo de Batalha *Constellation*, mas também será desafiador. Uma das coisas que tentaremos preparar é um exercício com torpedos nas águas rasas do Mar Arábico, para demonstrar nossa eficácia de combate."

O que Mark me disse depois não deu uma perspectiva muito boa: "Não vou minimizar sua tarefa. O submarino não está bem. Parece ter um vácuo de liderança, é uma situação única. Em todo meu tempo no mar, não me lembro de um conjunto de eventos tão peculiar.

"A questão é a seguinte: se você precisar mudar algumas pessoas, me avise, mas eu não gostaria de ter muita rotatividade. Não acho que fará bem à tripulação. Acredito que o foco será trabalhar com o que você tem. Com apenas seis meses para o destacamento, você não terá muito tempo para encontrar substitutos."

Pensei da mesma forma. No fim, não demiti ninguém.

Isso foi importante, pois mandou uma mensagem para cada membro da tripulação de que o problema não estava com eles, mas, sim, com a liderança. Meu desafio seria usar as mesmas pessoas e a mesma equipe de suporte e, mudando a forma com a qual elas interagiam e se comportavam, aumentar substancialmente a eficácia de combate do *Santa Fe*.

Como capitão, seria assessorado por um oficial executivo, o segundo na linha de comando, qualificado a assumir caso eu ficasse incapacitado. Havia quatro chefes de departamento: Armas, Engenharia, Navegação/Operação e Suprimentos. Cada um, exceto o de Suprimentos, era treinado em energia nuclear e poderia aspirar a comandar seu próprio submarino um dia. Entretanto, as chances eram as de que somente um dos três conseguiria. A escolha não dependia deles. Mark explicou que o oficial executivo parecia se identificar muito com o último capitão, e dois dos chefes de departamentos eram muito novos para avaliar.

Mark continuou: "Você tem todo o meu apoio e o da equipe da minha esquadra para preparar o submarino. Não vamos até lá para dizer o que você precisa, mas daremos suporte em qualquer coisa que você necessite."

Também falamos sobre os oficiais iniciantes. Em geral, eram ignorados, sem formação e não ficavam na Marinha. Pelo fato de aquela ser sua primeira viagem, aqueles homens eram provavelmente o grupo mais negligenciado a bordo. Tudo o que sabiam a respeito de submarinos e ser um oficial era baseado em teorias acadêmicas e no *Santa Fe*. Aproximadamente metade deles havia se formado na Academia Naval, e a outra vinha do Corpo de Treinamento de Oficiais da Reserva Naval.

Os chefes do *Santa Fe* estavam sem empoderamento nem inspiração. Os 12 chefes eram os mais experientes dentre os alistados. Eram a média gerência. Em nossas escolas de submarinos, aprendemos que os oficiais garantem que as coisas certas sejam feitas, e que os chefes garantem que as coisas sejam feitas do jeito certo. Seu conhecimento técnico e liderança seriam a chave, assim como minha capacidade de aproveitar seus conhecimentos.

Assim como o tempo em patrulha foi a razão para o país construir os submarinos de mísseis balísticos, os destacamentos foram a razão para a construção dos submarinos de ataque.

Os destacamentos eram períodos de operações de seis meses longe do porto de origem.

Durante esse tempo, a maior parte submerso, opera-se em áreas onde os adversários em potencial podem operar. Costuma-se emergir e atracar em portos somente para reabastecer e fazer pequenos reparos, mas em geral é necessário viajar com autonomia de aproximadamente 48 mil quilômetros. Submarinos são mais úteis quando à frente, em águas hostis, e não atrás da proteção de um porta-aviões, de uma frota de batalha ou de outras forças aliadas. Destacamentos exigem que tanto o submarino quanto a tripulação estejam em excelentes condições em termos de manutenção, treinamento, distribuição de equipe e suprimentos.

O comodoro explicou que não haveria nenhuma parada na programação para acomodar a mudança abrupta de capitão. A Marinha e o país precisavam que o *Santa Fe* estivesse pronto e totalmente preparado. Mark teria a palavra final quanto ao meu submarino estar pronto para o destacamento. Suas palavras finais de encorajamento foram: "Tenho grande confiança em sua capacidade de fazer isso. E um conselho: talvez seja bom ter com você uma boa lanterna."

Apertamos as mãos e me dirigi ao submarino. Como iríamos — ou melhor, como eu iria — fazer isso? Não estava certo de que seria uma tarefa possível. Senti-me sobrecarregado e não sabia por onde começar. Preparar um destacamento era desafiador o bastante, ainda mais com uma tripulação desmoralizada. Além disso, estaria disposto a arriscar a implementação de uma nova abordagem de liderança?

Refletindo um pouco, concluí que o Comodoro Kenny estava praticando uma ótima liderança. Apresentou-me um objetivo específico — ter o *Santa Fe* preparado em todos os sentidos —, mas não disse como alcançá-lo. A outra coisa que ele estava dizendo era que as pessoas e os recursos disponíveis para a embarcação seriam os mesmos que antes e os mesmos que os de qualquer outro submarino. Consequentemente, a única coisa que poderíamos mudar seria como agíamos e nos relacionávamos. Esse seria meu foco.

Comecei então a reconsiderar a situação. Uma vez que Mark não me gerenciaria de perto, talvez *essa* pudesse ser a chance de fazer algo diferente. Essa seria, talvez, a oportunidade de libertar a tripulação da abordagem hierárquica de liderança do tipo "Faça o que te dizem para fazer". Talvez fosse a oportunidade da minha vida. Claro, eu seria inteiramente responsável, e se o *Santa Fe* não estivesse pronto, seria minha culpa e muito provavelmente o resultado de meu trabalho.

Resolvi tentar. Deixei seu escritório e me dirigi ao píer onde o *Santa Fe* estava atracado.

## QUESTÕES A CONSIDERAR

- O que você está disposto a arriscar individualmente? (Às vezes, dar um passo em direção a algo melhor requer importar-se/não se importar. Importar-se profundamente com as pessoas e a missão, mas não se importar com as consequências burocráticas para sua própria carreira.)
- O que os líderes devem superar mental e emocionalmente para renunciar ao controle ao mesmo tempo em que ficam com toda a responsabilidade?
- O que é mais difícil para você ao abrir mão de gerenciar de perto: liderar de forma hierárquica ou o culto à personalidade?
- Como você pode conseguir que suas equipes de projeto interajam de forma diferente, mas usando os mesmos recursos?
- O que você pode fazer, como subordinado, para que seu chefe te deixe tentar um novo jeito de conduzir um projeto?
- Você dá objetivos específicos aos membros de sua equipe, assim como liberdade para alcançá-los da forma como escolherem?

# Frustração

Você é curioso? Achei que eu havia sido curioso nas minhas missões anteriores, mas percebi que estava sendo somente "questionador".

**15 de dezembro de 1998: A bordo do USS *Santa Fe*, Pearl Harbor, Havaí**
**(25 dias para a mudança de comando)**

Aproximei-me do *Santa Fe* com um misto de curiosidade e ansiedade.

Na Marinha dos EUA, as classes de submarinos recebem nomes com base no número do casco de sua primeira embarcação. Os submarinos de classe *Los Angeles* são os 688, e a classe foi dividida em dois "voos": 1º voo e 2º voo. O *Olympia* é o 30º submarino do 1º voo dos 688. O *Santa Fe* é um submarino do 2º voo. Além do formato geral do casco, os submarinos são significativamente diferentes. Os 688 de 1º voo têm lemes de ponte, 4 tubos de torpedos e 1 reator nuclear que precisa ser reabastecido uma vez durante a vida útil da embarcação. Os 688 de 2º voo têm lemes frontais, 12 tubos lançadores verticais de mísseis de ataque de terra Tomahawk, além dos 4 tubos de torpedos e 1 reator nuclear reestruturado, com combustível suficiente para toda a vida útil da embarcação.

Desci pela escotilha estreita. À medida que passava pelo convés de alimentação, escutava o sentinela da parte superior anunciar, por protocolo:

"Comandante, Marinha dos EUA, chegando." Segui em frente pelas passagens estreitas. Cumprimentei com simpatia a todos os membros da tripulação pelos quais passei. Os corredores em um submarino têm aproximadamente 60 centímetros de largura; é impossível passar por alguém sem notar sua presença. É como passar por alguém no corredor de um avião. O máximo que obtive foram murmúrios ou resmungos, e muitos dos homens baixaram o olhar. Pareciam envergonhados. Evitavam contato visual. Evitavam conversar. Estavam derrotados. Ouviram várias vezes que eles eram a pior embarcação na força de submarinos, e eles acreditavam nisso. Apesar de próximos do *Olympia* no porto, tinham realidades muito distintas.

Parei em frente à cabine do capitão para informá-lo de que estava a bordo. Era um alívio para ele, e em algumas semanas seria minha responsabilidade; naquele momento, ainda era dele. Foi um pouco estranho, considerando que ele estava deixando o comando um ano antes. No fim, fui alocado na segunda mesa da cabine do oficial executivo, para usá-la como minha base de operações, mas naquele momento eu não tinha um lugar no qual ficar. A mudança nas ordens também havia pegado a tripulação do *Santa Fe* de surpresa. Não tendo um lugar para ficar, fui até a sala de controle, para dar uma olhada. O equipamento estava desligado, mas pude ver pelos mostradores, medidores e indicadores que era diferente de tudo o que já havia visto antes. Como não tinha um lugar definido para ficar, comecei a caminhar pela embarcação. Pela primeira vez, estava verdadeiramente curioso.

Enquanto andava pelo submarino, perguntava à tripulação sobre seus equipamentos e no que eles estavam trabalhando. Ficaram desconfiados em relação a essas perguntas no início. É porque normalmente eu teria sido "questionador", e não curioso. Teria feito perguntas para garantir que eles conheciam os equipamentos, mas, na verdade, perguntava para garantir que eu conhecesse os equipamentos.

Minha falta de familiaridade com os detalhes técnicos do submarino estava causando um efeito colateral interessante: uma vez que eu não podia me envolver com os assuntos específicos sobre o equipamento, coloquei foco nas pessoas, em suas interações e em confiar na tripulação mais do que faria normalmente. Decidi fazer inspeções físicas na embarcação e revisar os registros, mas somente como pretexto para entender a tripulação. Enquanto no Oly revisei alguns registros por conta própria, decidi que tudo que faria no *Santa Fe* seria junto com um oficial, chefe ou membro da tripulação.

Comecei a entrevistar os chefes e oficiais em seus locais de trabalho. Depois de falarem sobre seu pessoal, eu fazia uma série de perguntas mais ou menos estruturadas, como estas:

- Que coisas você espera que eu não mude?
- Que coisas você, em segredo, espera que eu mude?
- Quais são as coisas boas do *Santa Fe* que deveríamos manter?
- Se estivesse no meu lugar, qual seria a primeira coisa que faria?
- Por que o submarino não tem um desempenho melhor?
- Quais seus objetivos pessoais durante o tempo que estará aqui no *Santa Fe*?
- Quais coisas te impedem de fazer seu trabalho?
- Qual será seu maior desafio na preparação do *Santa Fe* para o destacamento?
- Quais suas principais frustrações em relação ao modo que o *Santa Fe* é gerenciado atualmente?
- Qual é a melhor coisa que posso fazer por você?

Depois disso, refleti sobre algumas das coisas que ouvi, sobretudo em relação a como o *Santa Fe* era administrado.

- "A administração desaparece em um buraco negro."
- "Os oficiais em serviço atrasam o início da manutenção."
- "Os oficiais iniciantes são a fonte dos baixos padrões."
- "Eu já era qualificado para esta estação de observação, fui transferido para vários submarinos, e agora tenho que começar do zero, com um registro de qualificações em branco."
- "Estou esperando há quatro semanas para conseguir uma prova para me qualificar."
- "Minha mulher não pode fazer parte do clube das esposas da marinha."
- "A instalação e o upgrade de rádio que acabamos de receber nos deixou com capacidade menor do que a que tínhamos antes."
- "Vim trabalhar aqui com a promessa de um trabalho específico, mas isso nunca aconteceu."
- "Simplesmente mantenho minha cabeça abaixada e procuro ficar longe dos problemas. Quando as coisas saem errado, espero que seja outra pessoa a se dar mal."

A conversa que tive com o técnico de Controle de Lançamentos, Chefe David Steele, foi emblemática. "Pedi para ser transferido", ele admitiu. O Chefe Steele estava a bordo do *Santa Fe* há dois anos e não estava feliz. Ele não era um dos preferidos do comandante e não estava subindo nos rankings de desempenho. Um estudante que abandonou o ensino médio, Steele se apresentou ao recrutador da Marinha quando completou 18 anos. Saiu-se bem o suficiente no teste de aptidão para ser selecionado para submarinos, de forma que o recrutador o convenceu a cursar o supletivo e se alistar. Agora, Steele é responsável pelo sistema de controle de disparos, que envia instruções de direcionamento para todos os mísseis e torpedos lançados pelo *Santa Fe*.

"Ainda nem assinei minha avaliação", disse-me. Resisti ao impulso de comentar que isso era muito ruim para ele. Já era dezembro, e as avaliações haviam sido feitas em 15 de setembro. Seu arquivo estaria incompleto quando o conselho de promoções se reunisse, e suas chances seriam nulas. Se as avaliações dos chefes eram tão ruins assim, como seriam as avaliações dos alistados mais novos?

"E não gosto da forma como o comandante está conduzindo as avaliações, de qualquer forma", murmurou o Chefe Steele.

Seu estilo de "dizer as coisas como elas são" poderia ter desagradado a algumas pessoas, mas eu gostei. Ele era a chave para a eficácia de combate do *Santa Fe*, e seu conhecimento do sistema de lançamento de mísseis verticais era especialmente importante para mim.

"Veja, Chefe, não prometo conseguir um PP para você, mas prometo que os rankings de desempenho serão baseados em suas contribuições para a missão do submarino, e ponto final." ("PP" é o ranking competitivo mais alto — significa "promoção próxima".)

Em outra ocasião, o chefe responsável por uma divisão nuclear me disse: "Ninguém revisou meu registro de status de equipamento [RSE] desde que estou aqui." O RSE é uma grande base de dados que inclui detalhes sobre tudo o que está errado com cada equipamento que a divisão tem sob sua responsabilidade e, portanto, forma a base para manutenção e planos operacionais.

Era desconfortável não ser um especialista técnico em cada equipamento a bordo. O impacto desse foco nas pessoas era tal, que eu teria de confiar que a tripulação me forneceria os detalhes técnicos de como o submarino funcionava. Isso ia contra todo meu treinamento científico e de liderança naval. Mas as circunstâncias demandavam um novo modo de operação. Fazer a mesma coisa e esperar um resultado diferente não fazia sentido.

Não defendo desconhecer os equipamentos. Para mim, no entanto, foi um passo necessário para me tornar realmente curioso e confiante na tripulação, de uma forma que eu não teria sido se não fosse por isso. Depois, no período em que estive no comando, tornei-me um especialista técnico em todos os aspectos do *Santa Fe*, mas os padrões positivos haviam sido definidos, e mantive o relacionamento com a tripulação. Se você anda pela organização e conversa com as pessoas, sugiro que seja o mais curioso possível, assim como para um bom interlocutor em uma conversa informal uma pergunta deve naturalmente levar à outra. O momento de ser questionador ou mesmo crítico vem depois que a confiança já foi estabelecida.

### QUESTÕES A CONSIDERAR

Você está fazendo perguntas para garantir que *você* sabe ou que as *pessoas* saibam?

- Você tem de ser a pessoa mais inteligente em sua organização?
- Até que ponto a competência técnica é base para a liderança?
- Essa competência técnica é uma competência pessoal ou organizacional?
- Como você sabe o que está acontecendo "no nível do convés" em sua organização?

# 5

# Chamada para a Ação

Quando foi a última vez que você andou por sua organização para ouvir sobre as coisas boas, ruins e as desagradáveis a respeito da gestão hierárquica? Circular e escutar foi meu primeiro passo na preparação para comandar o *Santa Fe*.

**16 de dezembro de 1998: A bordo do USS *Santa Fe*,
Pearl Harbor, Havaí
(24 dias para a mudança de comando)**

De acordo com os procedimentos, eu deveria passar as duas semanas seguintes revisando tudo na embarcação, incluindo os registros de treinamento, formação, administrativos, premiações, progressões e registros relativos à operação e manutenção da central do reator, sistema de armamentos, torpedos e mísseis, cronogramas, exercícios, material confidencial etc. Ignorei essa parte. Em vez disso, investi meu tempo andando pelo submarino e conversando com as pessoas. Também programei uma série de caminhadas durante as quais cada chefe ou oficial me apresentaria suas áreas. Com o objetivo de conduzir essas inspeções de maneira satisfatória, pedia a eles que me trouxessem uma lanterna.

Não era para ser uma avaliação, mas as lanternas eram lastimáveis. Quebradas, com baterias descarregadas, lâmpadas fracas — não dava para ver nada. Imaginei que era sobre isso que o Comodoro Kenny estava falando.

Arrumei uma super Maglite que usava quatro pilhas D. Sua luz era bastante clara. Levei a lanterna comigo a todos os lugares, e, logo, os outros também começaram a carregar lanternas que realmente funcionavam.

Participei de uma reunião de chefes de departamento, uma revisão de rotina de pontos de manutenção, no refeitório dos oficiais, uma pequena sala com uma mesa para dez pessoas. Também serve como sala de treinamento, sala de planejamento operacional, sala de reuniões e lugar onde os oficiais assistem filmes. Se necessário, serve também como sala de cirurgia.

Observei os quatro chefes de departamento. Eram os indivíduos-chave com os quais iria para a guerra, aos quais confiaria as vidas dos 135 tripulantes, e possivelmente morreríamos juntos. Eu me senti mal por eles: os participantes chegaram atrasados, e o capitão não entrava até que todos tivessem chegado. Então, ele foi chamado. A reunião começou atrasada. Pode parecer algo pequeno, mas a bordo de um submarino nuclear, pequenas coisas como falta de pontualidade são indicadores de problemas muito maiores. Nessa reunião em particular, todos estavam esperando alguém chegar.

A reunião começou. O Tenente Dave Adams, o oficial de armas, apresentou um problema com o sistema de lançamento vertical na proa do submarino. Houve uma discussão demorada sobre anéis O-ring, anéis de vedação e reavaliações. Provavelmente eu deveria ter prestado atenção nas questões técnicas, pois o *Olympia* não tinha esse sistema de mísseis, e eu não havia prestado atenção a isso durante meu treinamento. Porém, observei as pessoas na sala. Dave foi sério e franco, mas frustrado e defensivo sobre todas as questões que precisou responder. Os outros chefes de departamento estavam entediados.

Após a reunião, acompanhei Dave até sua cabine.

"Oficial de armas, você me pareceu um pouco frustrado."

"Veja, Capitão, tenho uma visão de como quero que este departamento opere", começou. Enquanto eu o ouvia falar sobre como ele gostaria que as coisas fossem, fiquei cada vez mais entusiasmado e impressionado. Infelizmente, ele estava sendo ignorado. Enquanto ele enumerava as ideias que teve para aprimorar seu departamento, perguntei como ele as tinha implementado. As respostas foram as mesmas: alguém acima na cadeia de comando não havia dado suporte à iniciativa, então, nada aconteceu. Os chefes de sua equipe também não pareciam estar dispostos a contribuir com suas próprias ideias. Ele tentou conduzir com os oficiais um treinamento de ataque com mísseis Tomahawk por várias vezes, algo em que seríamos avaliados em janeiro, mas o treinamento ou nunca era agendado, ou era cancelado.

Em essência, Dave estava descrevendo um problema inerente ao modelo líder-seguidor, apesar de não usar essas palavras. Por causa de seus insights e de sua paixão, ele se tornaria definitivamente um dos maiores motores do *Santa Fe*, abraçando e promovendo o conceito líder-líder.

Percebi que Dave era um oficial incrivelmente inteligente, motivado e talentoso. Ele era o filho caçula de um militar de carreira do Exército. Possivelmente por influência de seu pai exigente, Dave adquiriu uma garra que raramente vi igual. Ele também aprendeu a apreciar sua equipe, ao mesmo tempo em que exigia excelência. Eu me senti melhor em relação ao meu plano, pois teria de confiar na expertise técnica de Dave e dos outros chefes de departamento para que aquilo desse certo.

Dave não era o único oficial frustrado. O Tenente-Comandante Bill Greene, navegador e chefe sênior de departamento, pediu para ser transferido da força de submarinos. Dos oficiais juniores, dois tinham encaminhado seus pedidos de baixa.

À medida que as coisas no *Santa Fe* pioravam, a tripulação adotou uma postura retraída, de forma que evitar erros era o principal norteador das ações. Focavam exclusivamente em satisfazer o mínimo necessário. Qualquer coisa além disso era ignorada.

Durante uma de minhas caminhadas pelo submarino, notei que um marinheiro júnior parecia especialmente desesperado. Quando perguntei como estava, ele me disse que não tinha certeza se conseguiria estar em casa para o Natal, pois sua autorização de saída ainda não havia chegado. Ele tinha enviado a solicitação semanas antes, e as férias estavam se aproximando. Ele ainda não tinha comprado passagens de avião, uma vez que não sabia se sua solicitação seria aprovada, e agora, a essa altura, as passagens deveriam estar muito caras, isso se ainda houvesse disponíveis.

O Manual Padrão de Organização e Regulamentação de Submarinos diz que o oficial executivo deve assinar todos os pedidos de saída recebidos (e o oficial comandante assinará todos os pedidos dos oficiais). Desde que a cadeia de comando seja cumprida, isso significa que um pedido de saída de um marinheiro júnior deve passar pelo suboficial de primeira classe que o lidera, depois pelo chefe de divisão, chefe de departamento, chefe da embarcação, oficial de divisão, chefe do departamento e, finalmente, pelo oficial executivo. São sete pessoas! O formulário tinha somente cinco linhas para assinaturas, então réguas estavam sendo usadas para dividir ao meio algumas das linhas para que todos pudessem assinar.

Havíamos errado com aquele marinheiro.

Apressei-me, localizei seu pedido de saída — ele estava na caixa de entrada de alguém — e cuidei do assunto. No entanto, era o sistema que havia falhado, não as pessoas.

Depois de conhecer melhor minha tripulação, dediquei tempo a observar algumas das rotinas da embarcação. Em uma manhã, conversava com o engenheiro, Tenente-Comandante Rick Panlilio, quando o operador de rádio chegou com o quadro de mensagens. Em dias como aquele, juntávamos todas as mensagens que vinham para o submarino diariamente — cerca de 30 ou 40 —, imprimíamos e encaminhávamos em uma prancheta com uma lista de circulação. A lista tinha um espaço para cada pessoa colocar suas iniciais, indicando que tinha visto as mensagens. Algumas mensagens eram gerais e administrativas, anunciando cursos ou mudanças nos requisitos para preenchimento de formulários ou atualizações de manuais. Outras eram relevantes, relatando mudanças em procedimentos de manutenção ou requisitando dados sobre uma válvula em particular, se havia sido feita por uma empresa específica. E algumas mensagens eram operacionais, fornecendo orientações para a programação do submarino, designando espaço de navegação e destacando a embarcação para operações.

Rick folheou as páginas e ficou visivelmente irritado. "Olhe isso aqui", disse. Por protocolo, as mensagens são direcionadas primeiro ao capitão, depois para o oficial executivo, e seguem a cadeia de comando. Dessa forma, o capitão seria o primeiro a saber de qualquer mudança na programação da embarcação. É como controlávamos a informação.

O quadro de mensagens já havia passado pelo capitão e pelo oficial executivo. Muitas das mensagens tinham notas de um ou de ambos: coisas como "Inclua esta mudança de mensagem na publicação" ou "Quero um relatório sobre isso até sexta-feira". Rick pareceu abatido. "Veja, essa mensagem é uma mudança urgente para uma publicação. Você não acha que sabemos que devemos incluir a mudança? Eles me dizem para fazer coisas antes mesmo que eu saiba que tenho coisas para fazer!"

"Por que você acha que o capitão e o oficial executivo sentem que precisam escrever essas coisas?"

"Veja, posso estar errado, mas digamos que algo não aconteça — algum relatório não seja enviado ou uma data escolar mude e não notamos — e alguma equipe de inspeção esteja consultando os registros. O capitão pode dizer 'Eu disse a ele para fazer' e transferir a responsabilidade. Ele consegue uma boa avaliação por estar muito envolvido, tendo colocado sua marca em todos os lugares. Mas, do meu ponto de vista, isso não ajuda; na verdade, ofende. Não somente estão me dizendo para fazer coisas que eu já sei que tenho que fazer, como também frequentemente me dizem exatamente como e quando fazer. Isso me tira quaisquer oportunidades de tomada de decisão que eu pudesse ter."

Assim como o ocorrido com o quadro de mensagens, como em qualquer outro submarino, o *Santa Fe* se aquartelava no píer algumas vezes por semana. Era uma formação matinal com a tripulação de pé atrás de seus chefes e oficiais, formando um quadrado. O comandante, o oficial executivo e o chefe da embarcação (os mais seniores alistados) ficavam no meio e faziam os anúncios. Naquele dia, conduzimos uma cerimônia de premiação. Foi bom ver alguns dos marinheiros receberem um reconhecimento merecido. Os reconhecimentos foram para pessoas que estavam deixando a embarcação ou para os que já estavam anteriormente. Infelizmente, nenhuma esposa havia sido convidada e não havia fotógrafo, de forma que perdemos uma chance de promover essas conquistas em frente a um público maior. Houve uma correria de última hora para juntar as menções e as medalhas. Demos as boas-vindas aos novos membros da tripulação e dissemos "aloha" aos que estavam partindo. O capitão parecia não conhecer os detalhes sobre as pessoas: de onde vinham e para onde estavam indo.

À medida que a cerimônia seguia, andei por trás do grupo. De pé ao fundo, onde a maior parte da tripulação estava, não consegui entender nada do que o capitão dizia. Suas palavras eram abafadas e truncadas. Perguntei a um dos tripulantes se ele conseguia ouvir. Não, mas não importava, ele disse. Se fosse algo importante, o chefe diria a eles na reunião trimestral de chefia, que acontecia na sequência. Com o modelo líder-seguidor, isso não importava.

O sentimento dominante no submarino era o de que precisávamos evitar problemas: evitar se pronunciar após ingerir bebida alcoólica, evitar incidentes durante o período de folga, evitar falhas de condicionamento físico, evitar erros de marcação, evitar retrabalho e evitar um problema no reator.

Porém, havia uma chama, um desejo de fazer bem feito, apesar de todas essas frustrações.

Ficou claro que, enquanto no *Olympia* a tripulação não era tão boa quanto achava que era, no *Santa Fe* a tripulação não era tão ruim como pensava que era. Havia uma sede por fazer melhor e um anseio por mudança.

Senti a dor e a frustração da tripulação de forma física. Quando cheguei de manhã, senti um nó no estômago enquanto percebia que, de certa forma, o tempo da tripulação seria desperdiçado, e seus talentos, ignorados. Ao mesmo tempo, sabia que sua dor e frustração estavam me trazendo um enorme chamado para a ação. Haveria um anseio para mudar a forma com que estávamos fazendo as coisas, que eu poderia aproveitar. Resolvi que mudaríamos tudo. Eu tentaria as iniciativas com as quais tinha fracassado no *Will Rogers*.

Encontrei-me com o Comodoro Kenny e disse a ele que poderia efetivamente trabalhar com aquela situação. Estaríamos prontos para o destacamento em tempo.

### QUESTÕES A CONSIDERAR

- Há um chamado para a ação em sua organização?
- As pessoas querem mudar ou estão confortáveis com o nível atual de desempenho?
- As coisas estão muito confortáveis?
- Há um sentimento de complacência?
- As pessoas agem para proteger a si mesmas ou para obter um resultado melhor? A liderança em sua organização detém o controle ou delega o controle?

# "Qualquer Coisa que Me Digam para Fazer!"

O que acontece em seu local de trabalho diariamente reforça a noção de que as pessoas no topo são os líderes e todas as outras simplesmente devem segui-las? Fiquei assustado em perceber que isso estava disseminado pelo *Santa Fe*.

### 26 de dezembro de 1998: A bordo do USS *Santa Fe*, Pearl Harbor, Havaí
### (14 dias para a mudança de comando)

Era um dia calmo depois do feriado do Natal. Apenas uma equipe pequena de vigilância permaneceu a bordo, e não foi feita nenhuma manutenção. Os homens somente verificaram registros e realizaram rotinas diárias, como carregar água potável e bombear os tanques sanitários.

Caminhei pela embarcação com minha lanterna e me dirigi até a sala do motor. No caminho, passei pela sala de manobra, que é a sala de controle para o reator e a planta de propulsão. A formalidade aqui é estar estressado o tempo todo, e todos devem pedir permissão para entrar, não importa o quão sênior você seja. Até mesmo os almirantes devem pedir para ter acesso. Ser informal na sala de manobra é prejudicial à operação segura do submarino e, portanto, um enorme tabu.

Lembrei-me da foto que havia visto durante o treinamento de aspirantes, que mostrava vários tripulantes desarrumados. Não estavam somente descontraídos; parecia que haviam surtado. Para piorar a situação, essa foto circulou pela internet, e era possível ver ao fundo alguns dos botões e instrumentos da central do reator. O objetivo de nos mostrarem a foto durante o treinamento de aspirantes foi demostrar o quão ruins as coisas poderiam ficar sem o cumprimento apropriado de padrões. E os caras na foto eram da tripulação do *Santa Fe*.

Reconheci alguns dos sentinelas da foto. Pensei se sabiam o quanto eram famosos ou infames. Provavelmente não. Parei para conversar com um suboficial de primeira classe que estava fazendo a vigilância da sala do motor. Os suboficiais de primeira classe são de uma patente abaixo dos chefes. São os trabalhadores braçais da Marinha e fazem muito trabalho de vigilância e manutenção, assim como treinamento dos novatos. São considerados futuros líderes.

"Olá, o que você faz a bordo?" Ao fazer uma pergunta aberta como essa, eu poderia avaliar melhor o que a tripulação pensava sobre seu trabalho.

"Qualquer coisa que me digam para fazer", me respondeu imediatamente, com um cinismo inconfundível. Ele sabia ser um seguidor e não estava feliz com isso, mas também não assumiu a responsabilidade. Jogou na minha cara que o comando estava todo errado. Era uma coisa extremamente ofensiva de se dizer, embora fosse uma descrição clara e brilhante sobre o problema. Eu poderia ter ficado irritado, mas me senti estranhamente desconectado, como um observador científico.

"Qualquer coisa que me digam para fazer." Aquela era a postura por toda a embarcação. Comecei a ver as coisas sob uma nova ótica.

### Qualquer Coisa que Me Digam para Fazer!

O dia estava quase terminando, e eu estava sentado com o oficial executivo em sua cabine. O Capitão-Tenente Bill Greene, o navegador, entrou e perguntou ao oficial executivo se havia algo mais para ele fazer naquele dia. O oficial, que foi pego desprevenido com essa pergunta, disse que não, e Bill foi para casa. Bill estava, como todos os outros a bordo, pronto para fazer qualquer coisa que dissessem para ele fazer.

Isso foi uma demonstração para mim. Perguntei ao oficial executivo se a conferência era uma prática normal. Com uma voz orgulhosa, ele disse que gostava que os chefes de departamento falassem com ele antes de sair, para que pudesse checar o que eles têm "em dívida" e garantir que não fossem para casa com alguma questão significativa em aberto. Mas, admitiu, eles nem sempre faziam isso.

Depois, repassei essa checagem de fim de dia em detalhes com todos os outros oficiais. O problema, expliquei, era que, naquele cenário, o oficial executivo era o único que estava sendo responsável pelo trabalho de cada chefe de departamento, e não o próprio chefe de departamento. A apropriação psicológica por realizar o trabalho ficava a cargo do oficial executivo, e não do responsável pelo departamento. Tudo bem conferir, eu disse, mas poderia ser mais desta forma: "Oficial executivo, estou indo por hoje. Os planos programados para execução na próxima semana estão indo bem e poderemos mostrar um esboço do plano para o capitão amanhã. Não pude ver o suboficial Smith em sua entrevista de qualificação, mas poderei fazer isso amanhã." Nesse cenário, é o chefe do departamento, e não o oficial executivo, o responsável pelo trabalho de chefiar o departamento. Isso é liderança em todos os níveis.

Os chefes de departamento levantaram um problema potencial com essa abordagem. Quem seria responsável e deveria prestar contas pelo trabalho? Se você, o capitão, nos permitir tomar decisões sobre o trabalho, não arriscaria sua reputação profissional e sua carreira com base em quão bem executaremos nosso trabalho? Não é por esse motivo que essas ideias são tão difíceis de ser implementadas?

Era um ponto importante. Ponderei. Estaria disposto a ficar vulnerável às consequências de suas decisões? Em um submarino, uma embarcação de guerra, havia vidas em jogo também, não somente carreiras. Manteria a prestação de contas pelo desempenho operacional do *Santa Fe*, mas delegaria o controle das decisões reais para os chefes dos departamentos. Era desconfortável, mas estávamos em uma dificuldade tal, que não vi outra saída. Além disso, o *Santa Fe* já estava muito mal — quanto poderia piorar?

Por outro lado, a frase "qualquer coisa que me digam para fazer" mostrava a realidade de que a estrutura fundamental do modelo líder-seguidor era o problema a bordo do submarino. Todos abaixo do capitão e dos chefes de departamento pareciam estar com o cérebro desligado. O que isso queria dizer? Tínhamos 135 homens a bordo, e somente 5 comprometeram totalmente sua capacidade de observar, analisar e resolver problemas. Uma imagem de minha cidade natal me veio à mente. Cresci em Concord, Massachussetts, próximo a Lowell, onde várias tecelagens vazias marcavam a paisagem. E era assim que eu imaginava a utilização mental da tripulação: ociosa.

Outra coisa me incomodava. Quem exatamente seria o sujeito da frase "qualquer coisa que me digam para fazer"? Não seríamos nós?

Depois que entendi a influência generalizada que a estrutura líder-seguidor tinha em nossa forma de administrar, pude ver exemplos para onde quer que olhasse: na forma como conduzíamos as operações, a conferência ao fim do dia, a estrutura das reuniões, a circulação do quadro de mensagens e os aquartelamentos no píer.

Tudo o que fazíamos reforçava a noção de que as pessoas no comando eram os líderes e o resto da tripulação eram os seguidores. O problema do *Santa Fe* não foi falta de liderança. Foi muita liderança do tipo errado, o líder-seguidor.

Também pude ver os impactos do modelo líder-seguidor na passividade dos marinheiros nos aquartelamentos, na falta de iniciativa, na espera pelos outros, na paralisia dos chefes dos departamentos quando o comandante não estava nas reuniões.

Tudo teria de mudar.

## QUESTÕES A CONSIDERAR

- Por que fazer o que dizem para você fazer parece tão atrativo para algumas pessoas?
- As pessoas realmente querem fazer somente o que dizem a elas para fazer?
- Se uma foto de sua organização viralizasse na internet, o que ela revelaria sobre suas equipes?
- Seus procedimentos reforçam o modelo líder-seguidor?
- Como sua média gerência reagiria se você implementasse um sistema de checagem como o que foi descrito neste capítulo?

# "Eu Rendo Você!"

Sua organização passa mais tempo tentando evitar erros do que buscando a excelência? Nós estávamos.

### 8 de janeiro de 1999: Base de Submarinos de Pearl Harbor (172 dias para o destacamento)

Recém-pintado, o *Santa Fe* estava radiante no píer da Base de Submarinos de Pearl Harbor. O clima de janeiro estava muito bonito: ensolarado, 23°C e ventos alísios amenos. A bordo da embarcação, uma plataforma portátil havia sido colocada, com um tablado e quatro cadeiras. Sentei-me na segunda cadeira, com vista para o píer, onde a tripulação, famílias e a comunidade dos submarinos de Pearl Harbor sentavam-se sob tendas. Em poucos minutos, eu assumiria o comando de um submarino nuclear de guerra e automaticamente passaria a prestar contas pelo investimento de 2 bilhões de dólares dos contribuintes e por 135 homens. Seria responsável por preparar o submarino de guerra para levar o combate ao inimigo e voltar para casa. Era uma tarefa assustadora. O dia havia chegado mais rápido do que eu imaginava, e eu certamente não me sentia preparado.

O escopo de autoridade e responsabilidades do oficial comandante, ou capitão, está descrito no Regulamento da Marinha dos EUA:

A responsabilidade do oficial comandante por seu comando é absoluta... Embora o capitão possa, a seu critério, e sem contrariar a lei nem os regulamentos, delegar autoridade a seus subordinados para a execução de detalhes, tal delegação não deve, de forma alguma, eximi-lo de responsabilidade contínua pela segurança, bem-estar e eficiência de todo o comando (Seção 0802).[6]

A delegação é exceção, não a regra. Essa questão de responsabilidade absoluta tem sido um aspecto fundamental no serviço naval, uma vez que a Marinha dos EUA foi criada à imagem da Marinha Real Britânica. Se a embarcação começasse a afundar bem naquele momento, eu não seria responsável. Se afundasse uma hora depois, seria minha total responsabilidade e eu teria de prestar contas. Enquanto esse ponto específico de prestação de contas é atraente sob vários aspectos, há um lado ruim. O capitão anterior não seria considerado responsável. Assim, como destaquei antes, cada oficial comandante é encorajado a maximizar o desempenho somente durante sua permanência. Não há incentivo ou recompensa em desenvolver mecanismos que proporcionem excelência além da permanência atual. Imagine o impacto disso nas milhares de decisões tomadas pelos oficiais comandantes em toda a Marinha.

Por exemplo, na Seção 0851 do Regulamento da Marinha sobre ações com o inimigo, o capitão é direcionado a tomar a seguinte ação:

Antes de entrar em batalha ou ação, comunicar aos oficiais de comando, se possível, seus planos para a batalha ou ação, bem como outras informações que possam ter valor operacional caso algum deles suceda o comando.

Pode parecer impressionante que consideremos necessário dizer aos oficiais comandantes para comunicarem o plano de batalha a seus subordinados antes de entrar em combate, "se possível". Se a tripulação não souber e entender o plano de batalha de antemão, a derrota é quase certa.

Mas essas regras da Marinha descrevem a estrutura líder-seguidor hierárquica e distante que os oficiais navais aprendem. O modelo líder-seguidor é a imagem que vem à mente quando pensamos no capitão confiante e determinado, corajosamente liderando sua tripulação para a batalha. Acredita-se que essa seja uma boa liderança.

Sentado no tablado, refletindo sobre aquilo pelo qual eu estava prestes a me tornar responsável, lembrei-me de minha apresentação ao *Santa Fe* e fiz um balanço do que tínhamos pela frente.

Em primeiro lugar, a tripulação queria mudança, mesmo que não soubesse muito bem como fazê-la. Quando perguntei aos homens o que não deveria mudar, o que funcionava especificamente bem, não tive muitas respostas. A frustração, as horas perdidas e os resultados medíocres do ano anterior os tinham convencido de que precisavam fazer algo diferente. Por fim, introduziríamos uma forma de administrar que seria diferente do que eles já haviam experimentado e os livraria do sofrimento pelo qual haviam passado anteriormente a bordo. Sem essa sede por mudança, teria sido difícil conquistar a aceitação da tripulação para uma forma totalmente nova de pensar sobre liderança. Esse chamado para a ação seria necessário para as mudanças que eu tinha em mente.

Em segundo lugar, tínhamos uma cadeia de comando incrivelmente colaborativa. Meus superiores, o Comodoro Mark Kenny e o Contra-Almirante Al Konetzni, comandantes das Forças Submarinas do Pacífico, estavam prontos para dar todo encorajamento necessário — e toda corda que precisasse para me enforcar. Eram focados em resultados. Não se importavam ou precisavam saber de detalhes ou o que faríamos, desde que as evidências mostrassem que o submarino estava melhorando seu desempenho, capacidade de combate e moral. Isso era bom, pois eu não estava certo de que poderia ter definido o caminho logo no início, e, mesmo que tivesse, não tenho certeza de que eles teriam comprado a ideia.

Em terceiro lugar, minha confiança na tripulação para temas específicos acerca da operação do submarino evitava que eu incorresse em velhos hábitos e na armadilha do modelo líder-seguidor. Não conseguiria ter feito dessa forma de propósito. Muitas vezes, tive o impulso de dar orientações específicas, mas não podia. Embora culpasse minha falta de conhecimento técnico, ela evitou que eu caísse em velhos hábitos. No passado, quando perguntava a um membro da tripulação como algo funcionava, simplesmente fingia estar curioso, pois, na realidade, sabia como funcionava. Agora, quando falava com os homens no submarino, estava realmente curioso.

Por fim, estava claro que a tripulação estava em uma espiral descendente que se retroalimentava, em que práticas ruins resultavam em erros, erros resultavam em baixa autoestima, e esta resultava em evitar iniciativas e entrar em modo de sobrevivência para fazer somente o que era absolutamente necessário. Para quebrar esse ciclo, eu precisaria mudar radicalmente a motivação diária, mudando o foco de evitar erros para a busca da excelência.

## Mecanismo: Alcance a Excelência, Não Procure somente Evitar Erros

Na Marinha dos submarinos nucleares, focamos os erros. Rastreamos, reportamos e tentamos entender as razões de suas causas. Há uma cultura poderosa e efetiva de discussão aberta e honesta sobre o que saiu errado e o que poderia ter sido melhor. Isso faz com que os submarinos sejam avaliados com base nos erros ocorridos. Evitar erros se torna o foco principal da tripulação e da liderança.

O que aconteceu com o *Santa Fe*, entretanto, é que a tripulação estava ficando neurótica em relação a cometer erros. A melhor forma de não cometer erros seria não fazer nada nem tomar nenhuma decisão. Isso ficou claro no dia em que me dei conta de que o comando focado em evitar erros ajuda a entender o mecanismo dos procedimentos e a detecção de problemas iminentes mais graves antes que ocorram, mas é uma abordagem limitadora quando adotada como o objetivo de uma organização.

Você está destinado ao fracasso. Não importa o quão bom você seja em evitar falhas, você sempre cometerá erros em algo complexo como um submarino. É possível reduzir a quantidade e a gravidade, mas nunca será zero. Podem haver erros menores, como a leitura incorreta de um medidor ou o agendamento de dois eventos conflitantes, mas as pessoas sempre cometerão erros. Assim, elas sempre se sentem mal consigo mesmas. Na mesma linha, o sucesso é uma negação, uma ausência de falhas, de críticas ou incidentes. Lamentavelmente, uma piada constante no *Santa Fe* era "Sua recompensa é não ser punido".

Manter a atenção em evitar erros tira o foco de nos tornarmos verdadeiramente excepcionais. Uma vez que uma embarcação tenha obtido sucesso simplesmente por prevenir erros mais graves e operar de forma competente, a missão está cumprida e não há necessidade de ir adiante.

Decidi mudar esse quadro. Nosso objetivo seria a excelência, em vez da redução de erros. Focaríamos em uma eficácia operacional excepcional para o submarino. Obteríamos grandes conquistas.

Parte da obtenção da excelência seria por meio da aquisição de um entendimento profundo sobre os erros, isto é, sua causa e o que precisávamos fazer para eliminá-las. Mas esse entendimento profundo não seria o que a tripulação deveria ter em mente quando estivesse trabalhando. A redução de erros seria um benefício adicional importante para conquistarmos nosso objetivo principal, que é alcançar a excelência. A excelência seria mais que uma frase filosófica estampada no topo do casco; seria como viveríamos, comeríamos e dormiríamos.

Meus pensamentos se voltaram rapidamente para o presente. Ouvi o capitão que estava deixando o posto finalizar seu discurso. Levantei-me, e com as palavras "Eu rendo você", tornei-me o oficial comandante do *Santa Fe*.

Dirigi-me ao Comodoro Kenny e reportei que havia sido rendido como oficial comandante do *Santa Fe*.

Agora, era totalmente responsável pelo *Santa Fe*, e me comprometi com o cargo com as seguintes palavras:

> Acredito que as liberdades pessoais, o respeito pela dignidade humana e a prosperidade econômica que desfrutamos nos Estados Unidos são únicos através da história da humanidade e em todo o mundo. Acredito que este não é um estado natural, mas um pelo qual se deve trabalhar incansavelmente e, se necessário, defendê-lo.
> Acredito que os homens que se aventuraram a partir destes mesmos píeres em embarcações como *Tang*, *Wahoo* e *Barb* estavam comprometidos com uma missão digna e honrosa.
> Acredito que aqueles em eterna patrulha além do recife não morreram em vão. O futuro depende daqueles dispostos a continuar esta missão digna e honrosa. Assim, reafirmo meu voto de defender a Constituição dos Estados Unidos contra todos os inimigos, externos e internos.
> Companheiros do *Santa Fe*, estarei orgulhoso de navegar com vocês. Obrigado.

Sentei-me.

Estava pronto para começar o trabalho. O destacamento estava programado para dali a 172 dias. À medida que observei os oficiais, chefes e marinheiros reunidos no píer, soube que deveríamos começar pelo meio. Começaríamos pelos chefes.

Ir para o mar em um submarino e deixar sua família por seis meses é um trabalho duro. Trabalho honrado, mas duro. Esses homens não ficariam ricos saqueando embarcações inimigas; não estavam nisso nem por eles mesmos. O medo era generalizado, e precisávamos mudar isso.

Conectar nossas atividades diárias a algo maior era um forte motivador para a tripulação. A conexão estava lá, mas havia sido perdida. Ao contrário, em grandes e pequenas proporções, presenciei situações em que as ações da tripulação foram guiadas por uma lista de atividades, para agradar a um inspetor, para parecer bem ou outra variante de "evitar problemas".

Precisávamos todos ver o propósito maior do submarino e nos lembrar de que era nobre. Também quis conectar nossos esforços atuais com o legado rico das forças submarinas a serviço e em sacrifício pelo país. Uma vez que os tripulantes se lembrassem do que estávamos fazendo e por que, fariam qualquer coisa para apoiar a missão. Esse era um grande contraste com a visão anterior, em que as pessoas trabalhavam somente com a esperança de não estragar as coisas.

ALCANCE A EXCELÊNCIA, NÃO SOMENTE EVITE ERROS é um mecanismo para CLAREZA. (Leia *Comece pelo Porquê*, de Simon Sinek.)

### QUESTÕES A CONSIDERAR

- Seu pessoal está tentando alcançar a excelência ou simplesmente evitando cometer erros?
- Sua organização se tornou avessa à ação porque agir às vezes resulta em erros?
- Você deixou programas de redução de erros minarem a força de tomar iniciativas e assumir riscos?
- Você passa mais tempo criticando erros do que comemorando as conquistas?
- Você consegue identificar os sintomas da postura de evitar erros em seu local de trabalho?
- Quando você pergunta às pessoas qual é seu trabalho, elas respondem em termos de redução de erros?
- Quando você investiga o critério por trás das decisões, percebe que evitar acontecimentos negativos supera atingir resultados positivos?
- Qual a motivação principal da média gerência e das bases (não o que está escrito no mural de comunicação)?
- Como minimizar erros e ao mesmo tempo não fazer disso o foco de sua organização?

# PARTE II

# CONTROLE

Meu foco principal quando assumi o comando do *Santa Fe* foi diluir o controle e delegá-lo aos oficiais e à tripulação.

O controle diz respeito à tomada de decisões não somente sobre como o trabalho é feito, mas também sobre a sua finalidade.

Um submarino tem uma estrutura definida, onde a informação sobe a cadeia de comando até os tomadores de decisão. Em vez disso, iríamos desconstruir a autoridade pela decisão e levá-la até onde a informação estava. Chamamos isso de: "Não leve a informação até a autoridade, leve a autoridade até a informação."

Os capítulos desta parte são uma introdução ao conjunto inicial de mecanismos que concebemos para implementar as práticas líder-líder. Organizei os mecanismos em três grupos: controle, competência e clareza. Embora o foco inicial fosse em redistribuir o controle, era necessário trabalhar nessas três áreas.

- Encontrar o código genético do controle e reescrevê-lo;
- Agir de modo a pensar diferente;
- Conversas preliminares breves contribuem para um trabalho eficiente;
- Usar "Tenho a intenção de..." para transformar seguidores passivos em líderes ativos;
- Resistir à urgência de encontrar soluções;
- Eliminar sistemas de monitoramento hierárquicos;
- Expressar o que está pensando (tanto superiores quanto subordinados);
- Envolver os inspetores.

# Mudança, em uma Palavra

Qual a melhor forma de mudar a autoridade pela tomada de decisão em sua organização? Isso fica fácil quando você está comprometido com a mudança.

**8 de janeiro de 1999: Dependências do velho periscópio, Base de Submarinos de Pearl Harbor (172 dias para o destacamento)**

No fim daquela tarde, me sentei com os chefes do *Santa Fe* nas dependências desativadas do centro de reparo de periscópios da Segunda Guerra Mundial. Hoje, um prédio ultrapassado e simples de dois andares próximo aos píeres, tinha sido, no passado, cenário de atividade intensa, com técnicos trabalhando para recondicionar e ajustar os periscópios dos submarinos norte-americanos. Essas eram as ferramentas que homens como Dick O'Kane, Mush Morton e Gene Fluckey usariam para conseguir a vitória contra o Império do Japão. As funções de reparo de periscópios foram transferidas para uma instalação maior e mais atualizada a pouco menos de 100 metros de distância, e as instalações originais eram atualmente uma sala de convívio informal. A sala era quente e desconfortável. Nós nos sentamos em móveis reciclados, havia um ventilador de teto barulhento que girava vagarosamente sobre nós, e as janelas estavam abertas para deixar entrar a brisa suave.

Se começasse pelo topo, com o oficial executivo, o chefe da embarcação e os chefes de departamento, usaríamos uma abordagem hierárquica para implementar a filosofia de liderança de baixo para cima. Seria inerentemente contraditório. Além disso, envolveria somente seis pessoas e não criaria massa crítica para participação. Os oficiais juniores não eram um bom ponto para começar, pois tinham perdido credibilidade junto ao comando e ainda teriam de aprender sobre liderança básica. Começando pela base, com os recrutas, provavelmente também não daria certo. Havia uma distância muito grande entre eles e eu, e sem o suporte do resto do comando, eles seriam vistos com desconfiança. Então, comecei com os chefes.

Eu havia perdido muitas horas assistindo palestras sobre como deveríamos "trabalhar juntos", "ter iniciativa" e coisas do gênero. Esses temas não eram embasados em mecanismos que realmente estimulassem ou recompensassem essas atitudes, e o pior de tudo é que os discursos pareciam hipócritas e desatualizados.

Eu estava decidido a evitar tudo isso. Em vez de tentar mudar a mentalidade para depois mudar a forma como agíamos, começaríamos a agir diferente, e, então, a nova forma de pensar fluiria naturalmente. Pelo menos eu esperava que fosse assim. Além disso, não tínhamos tempo para um grande período de amadurecimento. Precisávamos mudar naquele momento!

Eu não estava totalmente seguro de que os chefes comprariam a ideia, mas estava confiante com o suporte do chefe da embarcação. Como o alistado mais antigo, ele estava comprometido organizacionalmente a me dar suporte. Estava menos confiante com os outros. Lamentei que o Chefe Sênior Andy Worshek, do Departamento de Sonar e Armas, estava de licença. Sabia que ele seria um aliado. Olhei ao redor; o Chefe John Larson, um técnico em eletrônica, estava sentado a minha frente. Havia me impressionado por ser solícito e interessado em aprender. Brad Jensen, chefe nuclear sênior, e seus chefes de armas nucleares se sentaram juntos. Eles provavelmente estariam a bordo.

Fiquei contente ao ver o Chefe David Steele no grupo. Depois de nossa conversa anterior, ele havia ido para casa e conversado com sua esposa. Eles concordaram em dar uma chance ao novo comando, e ele retirou seu pedido de transferência. Seus acenos positivos já estavam influenciando os homens próximos a ele logo que a reunião começou.

Minha lanterna não era necessária, mas a levei mesmo assim. Com ela na mão, abri com uma pergunta: "Homens, dizemos que os chefes conduzem a Marinha. Isso é verdade no *Santa Fé*?"

Refletiram e responderam: "Sim, claro!"

"Têm certeza?"

"Bem..." Veio então a segunda rodada de respostas, com a maior parte deles olhando para o chão. Aparentemente nem tanto no *Santa Fe*.

Eles tinham razão. Os chefes não conduziam a Marinha e tampouco o *Santa Fe*. A autoridade dos suboficiais há tempos tinha sido minada. As razões para isso eram tanto institucionais quanto humanas. O problema institucional era que o desejo de ter somente o capitão como único e completamente responsável pelo submarino contrariou a permissão da autoridade de gerenciamento dos chefes. O Almirante Hyman Rickover e a Marinha nuclear implementaram um programa bem-sucedido com um recorde de segurança sem precedentes. Sob uma perspectiva organizacional, a responsabilidade dos capitães era extremamente enfatizada. Sua seleção e seu treinamento eram muito importantes. Os chefes de departamento aprovavam as operações, e o chefe do departamento ou capitão autorizava a manutenção. Uma longa lista de atividades e seus desdobramentos poderiam ser executados somente com a permissão específica do oficial comandante, e assim por diante.

Essas práticas reforçavam o modelo líder-seguidor na força submarina. Como resultado, o desempenho dos submarinos estava intimamente ligado à habilidade técnica do capitão. Conforme mencionado anteriormente, alguns submarinos vão bem com um capitão e muito mal com o seguinte.

Ao mesmo tempo, o programa naval de propulsão nuclear teve sucesso em desenvolver uma alternativa à abordagem de liderança centrada na personalidade: uma estrutura baseada em procedimentos de liderança na qual o procedimento é soberano. Essa estrutura é eficaz quando se trata de operar um reator nuclear. O sistema é bem definido e previsível: pessoas são altamente treinadas, e os operadores seguem o procedimento. Na realidade, do ponto de vista de qualquer habitante do planeta, é preferível ter essa liderança centrada em procedimentos quando se trata da operação de um reator nuclear. A gama de condições potenciais e respostas é limitada. Coisas imprevisíveis e normalmente ruins acontecem apenas quando os operadores não seguem os procedimentos.

Ainda assim, essa ênfase em seguir o procedimento pode ter um efeito limitante. Selecionamos operadores brilhantes, os treinamos exaustivamente, e então dizemos a eles que a coisa mais importante é seguir o procedimento.

Quando se trata de operar um submarino contra um inimigo, a aplicação dessa abordagem centrada em procedimentos é limitadora, tanto em como o submarino é utilizado como quanto o intelecto dos operadores é empregado. Fundamentalmente, as operações táticas do submarino são diferentes das operações do reator nuclear. As operações táticas são contra um inimigo inteligente que pensa, trama e deliberadamente explora fraquezas. A complexidade é significativamente maior. Seguir os procedimentos à risca não garantirá um bom resultado. Neste ponto, voltamos à estrutura de liderança centrada na personalidade.

Ao reverter anos da erosão que o sistema líder-seguidor causou na autoridade dos chefes, os do *Santa Fe* — agora sob meu comando — estariam nadando contra a corrente. Eu queria garantir que eles decidissem assumir a responsabilidade intencionalmente. Não seria nada bom se eu os dirigisse. Não se pode usar regras do modelo líder-seguidor para conduzir uma mudança para o modelo líder-líder.

Dizer que eles estavam céticos seria um eufemismo.

Claro que eles sentiam que as coisas poderiam estar melhores, mas, de qualquer forma, o *Santa Fe* não tinha colidido, encalhado ou tido qualquer incidente realmente significativo. Ele estaria com o desempenho tão ruim assim?

Além do mais, eles estavam na Marinha há 15 anos, em média, e as coisas sempre tinham sido feitas do mesmo jeito em todos os outros submarinos. Existiria uma forma melhor de fazer as coisas?

Minha pergunta seguinte tomou como base o que todos havíamos acordado antes, ou seja, que os chefes não conduziam o *Santa Fe*.

Perguntei: "Vocês querem conduzi-lo?"

Refletiram e responderam: "Sim, claro!"

"Têm certeza?"

E foi então que começamos a falar honestamente sobre o que a condução do submarino pelos chefes de fato significaria.

### Mecanismo: Encontre o Código Genético do Controle e o Reescreva

Eis uma lista com os problemas principais com os quais os chefes se deparavam:

- Taxas de progressão abaixo da média para suas equipes;
- Um programa de qualificação extenso que formava poucos sentinelas qualificados;

- Baixo desempenho nas avaliações do submarino;
- Uma escala de vigilância apertada, com muitas estações de bombordo e estibordo ativas e três seções no porto (o objetivo era ter três seções no mar e pelo menos quatro seções no porto. Isso significava que cada membro ficaria de guarda a cada terceira troca — tipicamente, 6 horas de guarda e 12 horas de descanso — no mar, e a cada 4 dias no porto);
- Incapacidade de programar, controlar e iniciar o trabalho a tempo;
- Incapacidade de controlar os cronogramas de divisão e equipes.

Conversamos sobre a realidade de que conduzir o *Santa Fe* traria consigo a necessidade de prestação de contas pelo desempenho de suas divisões. Não ficariam sentados nas aconchegantes salas dos chefes enquanto os responsáveis explicavam ao capitão por que as coisas saíram errado, o que mais tarde eu passaria a chamar de "responsabilidade visual", que significaria estar intimamente envolvido — fisicamente presente na maioria dos casos — nas operações do submarino e em cada atividade.

O entusiasmo dos chefes diminuiu notavelmente. Alguns poderiam pensar que isso mudaria a forma como teriam de pensar sobre sua posição: ser um chefe não significaria mais uma posição de privilégio, mas uma posição de prestação de contas, responsabilidade e trabalho. Nem todos gostaram da ideia. Conversamos de forma dura sobre isso por um bom tempo, mas não desperdiçamos tempo discutindo a filosofia do papel do suboficial na Marinha atual ou as advertências e discursos. Não tínhamos tempo para esses luxos.

No final, concordamos: a única solução seriam mecanismos concretos. Pensei no livro *Feitas Para Durar*, de Jim Collins e Jerry Porras, e sua discussão sobre como personalidades vêm e vão, mas os mecanismos institucionais perduram e trazem mudança para a organização. Coloquei essa questão para os chefes do *Santa Fe*: "O que podemos fazer para que vocês realmente conduzam o submarino?"

Em primeiro lugar, os chefes queriam ser encarregados por suas próprias equipes, e isso significava dar a eles a responsabilidade sobre as folgas de seus liderados. Alguns protestaram, argumentando que já tinham essa responsabilidade. Mas somente após o chefe da embarcação assinar o formulário de autorização de saída — e ele fazia isso para todos os alistados — e ainda era necessária a assinatura de três oficiais: o oficial de divisão, o chefe do departamento e o oficial executivo. Na realidade, os chefes não tinham o poder que imaginavam.

Os responsáveis trouxeram uma solução: o chefe da embarcação não poderia ter a autoridade de assinatura para todos os pedidos de folga dos alistados? Seria extremamente simples. Em vez de tornar mais eficiente um processo de 14 passos (7 passos acima na cadeia de comando definida, passando pelo chefe da embarcação, chefe do departamento e oficial executivo, e sete passos abaixo), eliminaríamos 6 passos. Seria somente necessário mudar o título "oficial executivo" para "chefe da embarcação" nos regulamentos do submarino. Aquele era o código genético. Essa foi a proposta.

Relutei em concordar, por algumas razões. Em meus trabalhos anteriores, cheguei a revogar programações de folga mal planejadas pelos chefes. Sabendo que os oficiais acima deles provavelmente vetariam planejamentos excessivos de saídas, os chefes tenderiam a dizer "sim" com frequência para ficar bem com suas equipes. Além disso, eu estava preocupado que os cadetes perderiam a experiência de aprender gestão de pessoas e a sensibilidade com suas divisões. Por fim, e provavelmente mais importante, o capitão não estava autorizado a fazer essa mudança. O manual de organização do submarino era um documento da Marinha que não deveríamos mudar.

Discutimos alguns desses inconvenientes, e os chefes apresentaram uma solução. Eles seriam responsáveis pelo desempenho de suas divisões e tudo o que isso abrangesse. Concordei e fiz a mudança no manual naquela tarde. Há menos de um dia no comando, eu já tinha excedido minha autoridade.

Essa mudança administrativa de uma palavra colocou os chefes diretamente responsáveis por todos os aspectos do gerenciamento de suas equipes, incluindo suas escalas de vigilância, programações de qualificação e inscrições nos cursos de treinamento. A única forma que os chefes teriam para se apropriar do planejamento das folgas era se eles se apropriassem da escala de vigilância. E a única forma que eles teriam para controlar a escala de vigilância seria controlando o processo de qualificação. Constatou-se que gerenciar as folgas era somente a ponta do iceberg; a função englobava uma série de outras atribuições. Esse trabalho foi extremamente poderoso, e o chamamos de "Chefes no Comando".

A partir do momento em que uma quantidade significativa da autoridade do oficial executivo havia sido eliminada, deixando-o à parte do processo de assinar os pedidos de saída dos alistados, precisei fazer algo para mostrar que eu estava, de fato, alinhado ao que foi combinado. Assim, deleguei o controle de todas as folgas dos oficiais, que precisavam de minha assinatura, ao oficial executivo. Isso foi coerente com o que tínhamos alinhado com os chefes, e além da minha competência.

Eu não estava preocupado com a questão da autoridade, mas, sim, com a atitude. Se os chefes continuassem a ser os "caras legais" e aprovassem todos os pedidos que recebessem, os interesses do comando não estariam protegidos. Mas, como pudemos observar, as coisas não aconteceram dessa maneira.

### Encontre o Código Genético do Controle de Sua Organização

Eis um exercício que você pode fazer com sua liderança sênior em sua próxima reunião fora do escritório.

- Identifique nos documentos sobre as diretrizes da empresa onde a autoridade pela tomada de decisão está especificada. (Você pode fazer isso previamente, se preferir.);
- Identifique decisões que possam ser delegadas para o nível organizacional imediatamente abaixo;
- Para as decisões mais fáceis, primeiro esboce um texto que mude a pessoa que terá a autoridade pela tomada de decisão. Em alguns casos, decisões maiores podem ter de ser desmembradas;
- Em seguida, peça a cada participante do grupo para completar a seguinte frase no cartão de 5x8 previamente fornecido: "Quando penso em delegar esta decisão, me preocupo com...";
- Coloque esses cartões na parede e dê um bom tempo para o grupo circular e ler os comentários postados;
- Por fim, quando o grupo se reunir novamente, classifique e ordene as preocupações e comece a analisá-las.

Quando conduzo este exercício, normalmente percebo que as preocupações recaem em duas categorias amplas: questões de competência e de clareza. As pessoas receiam que o nível imediatamente abaixo não tome boas decisões, seja por acreditar que não têm competência técnica suficiente sobre o tema ou que não entendem o que a organização está tentando alcançar. Ambas podem ser resolvidas.

ENCONTRE O CÓDIGO GENÉTICO E O REESCREVA é um mecanismo de CONTROLE. O primeiro passo para mudar o código genético de qualquer organização ou sistema é delegar o controle, ou autoridade para a tomada de decisões, o tanto quanto for confortável, e então ir um pouco além. Isso não é um "programa" de empoderamento. É mudança na forma como a organização controla decisões de modo permanente e pessoal.

No exemplo que acabei de compartilhar, não havia nada tecnicamente complicado em relação a assinar um pedido de folga. As barreiras tinham a ver com a confiança a ser depositada no entendimento dos chefes em relação aos objetivos do *Santa Fe* da mesma forma que eu. Chamo isso de clareza organizacional, ou simplesmente clareza. (Descrevo com mais detalhes nos capítulos da Parte IV.) Você aborda a questão sendo honesto sobre o que pretende alcançar e comunica isso o tempo todo, para todos os níveis.

Muitos programas de empoderamento falham, pois são somente isso, "programas" ou "iniciativas", em detrimento de um princípio central — o código genético, em outras palavras — por trás do qual a organização faz seus negócios. Não se pode "direcionar" programas de empoderamento. Se forem direcionados, eles fracassam, pois são baseados nesta premissa: tenho a autoridade e a capacidade de te empoderar (e você não tem). Fundamentalmente, isso é tirar o poder. A contradição interna condena essas iniciativas, pois falamos de "empoderamento", mas agimos de uma forma que tira o poder. A prática se sobrepõe ao discurso.

De maneira mais ampla, esse mecanismo reforça o fato de que não fizemos discursos nem discutimos uma justificativa filosófica para as mudanças que estávamos implementando. Em vez disso, buscamos as práticas e os procedimentos organizacionais que precisavam ser mudados para provocar a mudança com o maior impacto. Meu objetivo, profissional e pessoalmente, era implementar mecanismos duradouros que enraizassem as coisas boas da organização nas pessoas, além de práticas no submarino que não dependessem de minha personalidade para acontecer.

Expandimos o poder dos chefes várias vezes durante os três anos em que estive no *Santa Fe*. Começamos por dar a eles controle sobre as folgas de seu pessoal. O passo seguinte foi garantir que houvesse um chefe encarregado por cada desdobramento. Eu queria garantir que todos os procedimentos no submarino teriam um chefe responsável pela garantia do bom desempenho. O mecanismo foi adicionar uma linha em nossos documentos de planejamento que listava o "Chefe Responsável" ao lado de cada evento. Aprendi que focar quem seria responsável era mais importante do que tentar avaliar todas as formas por meio das quais o evento poderia dar errado. Essas iniciativas de "Chefes no Comando" foram determinantes para o

*Santa Fe* ganhar o prêmio de melhor grupo de chefes pelos sete anos seguintes.

Descobrimos que distribuir o controle por si só não seria suficiente. À medida que as coisas aconteciam, incluí condições para que os novos tomadores de decisão tivessem um alto nível de conhecimento técnico e um senso de propósito mais claro do que antes. Isso porque as decisões são tomadas em relação ao um conjunto de critérios que incluem o que é tecnicamente apropriado e o que está alinhado aos interesses da organização. Nos últimos capítulos, apresentarei mecanismos que abordam esses pilares.

## QUESTÕES A CONSIDERAR

- Como você pode preparar sua gerência para mudar de uma "posição de privilégio" para uma de "prestação de contas, responsabilidade e trabalho"?
- Qual procedimento ou processo você pode mudar de modo elementar, mas que dará a sua gerência mais autoridade para a tomada de decisões?
- Quando pensa em delegar controle, com o que você se preocupa?
- O que você, como um defensor da abordagem líder-líder, precisa delegar para mostrar que está disposto a dar o exemplo?

# 9

# "Bem-vindo a bordo do *Santa Fe*!"

Tem alguma coisa na "cultura" de sua organização que você gostaria de mudar? Fizemos isso de um jeito simples.

### 11 de janeiro de 1999: Pearl Harbor, Havaí
### (169 dias para o destacamento)

O clima de entusiasmo pairava no ar a bordo do USS *Santa Fe* na segunda-feira pela manhã, logo que os chefes começaram a falar sobre sua nova autoridade. Os marinheiros notaram e, consequentemente, estavam mais entusiasmados enquanto nos dirigíamos para o trabalho. Parecia que a conexão direta entre os chefes, que eram responsáveis por garantir que o trabalho teria os resultados corretos, e os marinheiros, que eram os executores do alinhamento das válvulas, procedimentos de manutenção e tarefas operacionais, havia envolvido as tropas e os supervisores da mesma forma. Havia um maior comprometimento e envolvimento.

A disciplina militar também melhorou. Antes, alguns dos marinheiros menos experientes reclamavam com seus chefes. (Chamávamos isso de demonstração de "atitude", o que não é uma coisa boa.) Sendo pequena a autoridade de cada chefe para discipliná-los, esses marinheiros imaturos se atreviam a reclamar; o custo era baixo. Agora, com a maior autoridade dos chefes, os cadetes estavam motivados a conter suas respostas imaturas e realizar o trabalho a ser feito. Até então, tudo bem.

De maneira geral, o clima era de otimismo. Por outro lado, ainda havia muito a fazer. Sairíamos para o destacamento em 169 dias. De forma mais urgente, antes do destacamento, haveria uma série de inspeções de complexidade crescente. A primeira estava programada para dali a oito dias: uma inspeção conduzida por meu superior imediato, o Comodoro Mark Kenny. Ele e sua equipe de esquadra sairiam conosco para o mar por quatro dias, observando o *Santa Fe* realizar uma série de operações submarinas.

Eu não estava seguro da possibilidade de nos sairmos bem. As lacunas de conhecimento eram grandes, e a prática operacional estava tão destreinada, que não teria jeito de aprendermos e praticarmos todo o necessário em uma semana. Além do mais, tínhamos um trabalho duro, 24 horas por dia, todos os dias, para finalizar os reparos e a manutenção do mês anterior, carregar os estoques e preparar as cartas de navegação e o plano operacional para estarmos prontos em tempo.

Eu precisava mostrar para a equipe da esquadra que não apenas éramos competentes, mas também que precisávamos de uma conquista para dar suporte às mudanças que precisava fazer, pois nem todos haviam entendido como aquele novo esquema funcionaria. E já havia alguns céticos entre a tripulação.

Tentei entender o ponto de vista dos que estavam céticos. Eles se incomodavam que a forma de fazer as coisas era diferente do que eles vinham fazendo antes — no *Santa Fe* e em todos os outros submarinos da corporação. Havia dois componentes para isso. Primeiro, muitos dos chefes já haviam servido em dois, três ou mesmo quatro submarinos. Ninguém antes havia autorizado o chefe da embarcação a ser a autoridade final para as folgas dos alistados. Nem sequer tinham ouvido falar nisso. Seria possível que uma forma de administrar sobre a qual ninguém havia sequer ouvido falar poderia ser melhor daquela que a Marinha vinha usando há mais de cem anos? Era uma pergunta válida.

Em segundo lugar, havia o medo e o custo de ser diferente. Mesmo que demonstrássemos que aquele jeito era melhor, queríamos mesmo operar de forma diferente dos outros 55 submarinos nucleares de ataque da Marinha? Vários conselheiros me perguntaram diretamente se eu estava disposto a arriscar minha carreira. "Por que você não faz como todos os outros, faz as coisas normais, estimula o trabalho em equipe, reforça os padrões e conduz treinamentos?", sugeriram. "Se as coisas forem bem com seu novo programa, ótimo, mas se não forem haverá muitas pessoas dizendo 'Bem, ele fez coisas de maneiras diferentes do resto de nós'."

Aceitar o fracasso por ser diferente, talvez, mas eu mesmo não sentia nem um pouco desse medo. À medida que refletia sobre isso, concluía que delegar a autoridade somente poderia ser bom. Lembro-me de como me senti a bordo do *Sunfish* quando o capitão me deixou conduzir minha própria equipe de observação e como aquilo tinha sido impactante. Recordei de como voltei para a liderança hierárquica no *Will Rogers* e como aquilo foi desanimador.

Certo ou errado, eu estava comprometido em fazer o que achasse que seria melhor para o *Santa Fe*, para a Marinha e para a nação, sem me preocupar com as repercussões. Chamei esse paradoxo de "se importar sem se importar" — isto é, realmente se importar com seus subordinados e a organização, mas se importar pouco com as consequências organizacionais para você mesmo.

Apesar dos céticos, boa parte da equipe estava entusiasmada em experimentar nossa nova abordagem e me dar uma chance. Alguns estavam totalmente de acordo e formaram o núcleo de defensores. Os céticos queriam experimentar, embora com menos entusiasmo. Eles não iriam se opor.

A reunião matinal no refeitório dos oficiais foi minha primeira sessão importante com os oficiais. Havia dito a eles para trazerem todos os formulários de saída que tinham em suas caixas de entrada, e juntei todos durante a reunião para entregá-los ao chefe da embarcação. A pilha de pedidos de saída não aprovados era significativa e deu um contexto físico para as mudanças que estávamos fazendo. Tínhamos uma iniciativa em andamento para os chefes, mas eu queria fazer algo para todo o submarino. Os oficiais me ajudariam a elaborá-lo.

### Mecanismo: Aja para Conduzir a uma Nova Forma de Pensar

Uma das coisas que ouvi durante minhas discussões de transição foi que queriam mudar a autoestima da tripulação. Investimos em média 50 mil dólares para recrutar um marinheiro, e outros 100 mil dólares para treinar um marinheiro de submarino e dar a esse indivíduo uma responsabilidade significativa no mar. A bordo do *Santa Fe*, quase nenhum dos alistados havia passado por sua primeira missão. De uma tripulação de 135, somente 3 marinheiros se alistaram novamente em 1998. Dos cadetes, que são treinados a um custo ainda maior, dois já haviam enviado seus pedidos de baixa.

Como você aumenta a autoestima de forma rápida? Não parecia ser possível simplesmente determinar uma mudança cultural como aquela. E, ainda assim, foi exatamente o que fizemos.

Perguntei aos oficiais como poderíamos saber se a tripulação estava orgulhosa do submarino. O que observaríamos? Houve silêncio. Aparentemente, não estavam acostumados a se envolver. Apontei minha lanterna para um dos oficiais juniores. "Você começa", eu disse, e depois que ele falou, outros deram suas próprias opiniões:

- Eles falariam com orgulho para sua família e amigos!
- Olhariam os visitantes nos olhos quando cruzassem com eles nos passadiços!
- Usariam seus bonés do *Santa Fe* sempre que possível!
- Se vangloriariam para seus amigos dos outros submarinos!
- Comprariam isqueiros, canetas e broches do *Santa Fe* na loja do submarino!

"Bom, e se simplesmente dissermos para eles agirem dessa forma?", sugeri. E se simplesmente dissermos a eles para cumprimentar as pessoas respeitosamente, sinceramente e com orgulho? Poderíamos agir, ou falar, enquanto criamos uma forma de pensar?

Isso acendeu um debate dinâmico. Alguns pensaram que seria como pôr a carroça na frente dos bois. Primeiro, precisávamos criar um ambiente de trabalho que desse respeito e dignidade aos homens; um lugar no qual eles estivessem felizes em trabalhar todos os dias. Então, a atitude mudaria, e a autoestima poderia melhorar naturalmente, por conta própria. Outros pensaram que poderíamos nos convencer disso, quase fingir.

Decidi que tentaríamos o caminho de nos convencermos a uma nova forma de pensar, que chamamos de "regra dos três nomes" e funcionava assim: quando qualquer membro da tripulação visse um visitante em nossa embarcação (e estávamos pensando especificamente na semana seguinte, quando o Comodoro Kenny e sua equipe viriam para a inspeção), deveria cumprimentar o visitante usando três nomes — o nome do visitante, seu próprio nome e o nome do submarino. Por exemplo, "Bom dia, Comodoro Kenny, sou o suboficial Jones, bem-vindo a bordo do *Santa Fe*".

No aquartelamento no píer, no dia seguinte, comecei explicando a regra dos três nomes para a tripulação. Parei quase que imediatamente; como era normal, a tripulação estava em formação atrás dos oficiais e chefes e sabia que a maioria deles não podia ouvir o que eu estava falando. Mexi meus braços e gritei: "Juntem-se aqui." Isso não estava no livro de comando, mas todos entenderam o que eu queria. Os homens vieram para a frente. Agora, eu estava em um agrupamento compacto e coeso de cem tripulantes. Não era algo de que o General Patton ficaria orgulhoso, mas definitivamente pareceu melhor. Os oficiais e chefes ainda estavam à frente, mas, pelo fato de eu interagir com esse grupo frequentemente, pedi a eles que fossem para trás. Daquele momento em diante, nos aquartelamentos, a tripulação ficaria ao meu redor e os oficiais e chefes ficariam atrás.

Continuei dizendo para a tripulação que queríamos prosseguir. Tínhamos sete dias para terminar a preparação do submarino e partir para o mar: torpedos para preparar, manutenção para completar, reparos a finalizar, mapas a traçar, estoques para carregar e uma série de outras coisas para fazer. Então, evitei dar uma grande palestra sobre as razões pelas quais queria usar a regra dos três nomes e sobre respeitar o seu tempo e a necessidade de voltar para o trabalho. Ao contrário, simplesmente expliquei a regra e dei um exemplo prático.

### Como Implementar uma Mudança Cultural em Sua Organização

Condição para começar: você já deve ter tido uma conversa com seu grupo de liderança e identificou algum tipo de mudança cultural que o grupo concorda em sua maioria. O que você precisa fazer na sequência é implementá-la na organização, independentemente da personalidade.

- Distribua cartões 5x8. Peça para completarem a seguinte frase: "Eu saberia que alcançamos [esta mudança cultural] se visse os funcionários..." (As palavras específicas nesta questão devem levar vocês de respostas gerais e não mensuráveis, como "as pessoas devem ser mais criativas", para mais específicas e mensuráveis, como "os funcionários enviam pelo menos uma ideia por trimestre. As ideias são postadas e outros funcionários podem comentá-las.");
- Dê cinco minutos. Então, fixe as folhas na parede, faça um intervalo e diga a todos para circularem e lerem os cartões;
- Com base nas discussões e na quantidade de respostas, você pode decidir propor a todos uma segunda rodada de preenchimento das folhas;
- Classifique e priorize as respostas;

- Então, discuta como codificar o comportamento em práticas organizacionais. Por exemplo: implementar a regra dos três nomes;
- O passo final é escrever as novas práticas no procedimento apropriado pela empresa.

Quando se está tentando mudar a atitude dos funcionários, você tem basicamente duas abordagens entre as quais escolher: mudar sua própria forma de pensar e esperar que isso conduza a um novo comportamento, ou mudar seu próprio comportamento e esperar que isso conduza a uma nova forma de pensar. A bordo do *Santa Fe*, eu e os oficiais optamos pela segunda, agir para conduzir a uma nova forma de pensar. Não tínhamos tempo para mudar a forma de pensar e esperar que ela permeasse e, por fim, mudasse as ações das pessoas; precisamos mudar apenas o comportamento. Honestamente, não me importava se as pessoas pensassem de forma diferente em algum momento — e elas pensavam —, desde que agissem de certo modo. Acho até que alguns marinheiros nunca entenderam o que estávamos tentando fazer e resistiram ao modelo líder-líder, mas agiram como se acreditassem.

Alguns observadores atribuíram a baixa autoestima no *Santa Fe* às longas jornadas de trabalho. Não acredito nisso. Acho que tinha mais a ver com focar na redução de erros, em vez de alcançar algo grande, além do sentimento resultante de ineficácia que permeou o submarino.

A sensação a bordo era a de que não nos movíamos proativamente, mas somente de forma passiva a eventos externos. O cronograma estava contra nós, as peças não chegaram a tempo, o departamento de planejamento de pessoal não havia alocado os marinheiros do *Santa Fe* nos trabalhos em que eles queriam, o torpedo falhou por "falta de sorte". Havia uma ênfase em culpar o que acontecia por influência, e fatores externos e a tripulação evidenciavam uma falta de responsabilidade coletiva. Esse sentimento de vitimismo andava lado a lado com a baixa autoestima. Uma das coisas que conseguimos com a regra dos três nomes foi nos livrarmos do sentimento de sermos vítimas das nossas circunstâncias. De certa forma, cada marinheiro a bordo do *Santa Fe* estava agora assumindo a responsabilidade por seu próprio destino.

AGIR PARA CONDUZIR A UMA NOVA FORMA DE PENSAR é um mecanismo de CONTROLE.

## QUESTÕES A CONSIDERAR

- Como você reage quando as pessoas do seu local de trabalho não querem mudar a forma como as coisas sempre foram feitas?
- Quais são alguns dos custos associados em fazer as coisas de forma diferente em seu setor?
- Agimos primeiro e depois pensamos? Ou primeiro pensamos e depois mudamos nossas ações?

# Navegando com Energia Nuclear

Você joga "traga-me uma pedra" em sua organização, onde o entendimento vago sobre o objetivo resulta em tempo desperdiçado? Fazíamos isso e precisávamos mudar.

### 20 de janeiro de 1999: Pearl Harbor, Havaí
### (160 dias para o destacamento)

Eu estava no comando havia 12 dias. O sol baixava no horizonte enquanto eu me sentia impaciente na ponte do *Santa Fe*. Esperávamos a mensagem de autorização da unidade de manutenção que aprovaria os reparos que tínhamos feito e nos autorizaria a navegar. O atraso na mensagem era culpa nossa. Alguns pequenos testes adicionais nos atrasaram. Apesar disso, nada tão ruim como quando estava a bordo do *Will Rogers*. O rebocador estava posicionado ao nosso lado. Um pouco mais de atraso e teríamos de adiar em um dia a partida para o mar. Isso tiraria um de nossos quatro dias de preparação antes de voltarmos para buscar o Comodoro Mark Kenny e a equipe de inspeção.

O alto-falante na ponte estalou. "Capitão, oficial executivo, mensagem de liberação a bordo."

O oficial de convés dirigiu-se a mim. "Capitão, todos os departamentos reportam que estão prontos para a partida. Peço permissão para partir."

"Partir!", respondi.

O rebocador arrastou a proa para fora do píer, e, silenciosamente, deslizamos pelo canal e nos dirigimos para o mar. A mágica do momento quando o submarino deixa para trás as últimas linhas tanto da costa quanto do rebocador nunca perde sua força. Aquele momento em particular não foi exceção.

Foi uma grande diversão. Quando eu dava ordens, grandes coisas aconteciam. Dizia "submergir a embarcação", e mergulhávamos no oceano. "Velocidade máxima", e o *Santa Fe* acelerava na água. "Leve o submarino à profundidade de periscópio", e os oficiais executavam o procedimento para deixar o *Santa Fe* com segurança sob a superfície do Oceano Pacífico.

Essa foi uma ação bem-vinda, em contraste com os testes das semanas anteriores. Além das questões práticas de colocar a embarcação em ordem, tivemos algumas dificuldades em nos preparar operacionalmente. A tripulação ainda focava muito em atender aos regulamentos mais do que trabalhar para fazer de nosso submarino a embarcação de guerra o mais operacional possível. Era o mesmo problema de focar em evitar erros, em vez de tentar alcançar algo grandioso. Um exemplo típico envolveu a preparação das cartas de navegação.

## Perfeito, mas Irrelevante

Cartas náuticas são a base para as operações de um submarino nuclear. Elas servem como mapas, mostrando as rotas que devemos seguir para evitar boias, águas rasas e outros submarinos, ao mesmo tempo em que alcançamos nossos objetivos operacionais. No exercício que se aproximava, teríamos de localizar um submarino inimigo, monitorar suas atividades e, se orientados, afundá-lo. Sabíamos que o foco das operações seria na bacia de Maui — a área entre Maui, Lanai e Molokai — uma área de águas rasas e com um fundo irregular, o que torna difícil a navegação com submarinos.

As preparações das cartas consistiam em três fases. Na fase um, os contramestres pegavam os grandes mapas de papel e garantiam que estivessem atualizados com as últimas informações do "Aviso aos Marinheiros", publicado pela Guarda Costeira. Poderia haver perigos adicionais à navegação, como a colocação ou mudança de local de uma boia desde que o submarino passara pela última vez por aquelas águas. Além disso, as cartas em papel tinham de ser preparadas de acordo com as instruções da força submarina, como destacar a curva de 180m de profundidade e marcar os pontos a 16km de bancos de areia e a 19,3km do continente.

A fase dois consistia em planejar as águas designadas para nós. Uma vez que os submarinos são objetos grandes e silenciosos, designamos a eles diferentes blocos de água, de modo que possam se mover com segurança sem risco de colisões. Esses blocos designam zonas de profundidades e zonas geográficas e mudam de acordo com o dia e com a semana. É fundamental que essas cartas estejam absolutamente corretas, caso contrário, você pode acidentalmente operar em água designada a outro submarino e correr o risco de colisão. Se você se descobrir nessa posição, tem de emergir imediatamente e reportar o incidente.

A fase três, e final, consistia na integração do plano operacional com a carta, que envolvia estabelecer uma trilha nas águas designadas para cumprir a missão definida. Isso incluía os cursos, as velocidades e as zonas de profundidade específicas que o *Santa Fe* usaria.

As cartas passavam então por um processo de revisão minucioso, começando pelos contramestres, que as preparavam e subiam para o navegador-assistente, o navegador (Tenente-Comandante Bill Greene), e com aprovação final do capitão — eu, neste caso.

Em resposta a um problema de navegação recente em outro submarino, uma instrução abrangendo toda a corporação adicionou o oficial executivo, segundo no comando, como revisor do processo. A Marinha normalmente adicionava tais passos nos procedimentos da força submarina com o objetivo de evitar reincidência (etapas raramente são removidas). Infelizmente, quase sempre essas etapas adicionais não evitam reincidência, e algumas vezes pioram a situação. É como adicionar inspetores no final do processo para verificar se correu tudo bem — um trabalho extra sem fazer nenhuma melhoria.

Enquanto se aproximava o momento para partirmos, fiquei ansioso, pois não tinha visto as cartas. Bill Greene me dizia que elas estavam "quase prontas". Finalmente, no domingo, com a partida programada para a terça-feira, ele me chamou para dizer que estava pronto para revisá-las.

Depois de todos os passos no processo de revisão, elas estavam perfeitas — mas irrelevantes.

As cartas estavam perfeitas, pois atendiam a todas as regras e regulamentos. Nenhum inspetor encontraria uma falha. E eram irrelevantes, pois, apesar de a equipe de revisão ter incluído o plano operacional que conduziria o submarino, eu sabia que não usaríamos a rota que eles propuseram.

Os contramestres que prepararam as cartas sabiam que nosso destino era a bacia de Maui, mas não sabiam qual dos três caminhos tomaríamos para chegar lá: norte de Molokai, entre Molokai e Lanai ou pelo sul de Lanai. Eles traçaram a melhor rota navegável, que era ao norte de Molokai. Esta era de água aberta e mais rápida, mas não era o caminho que o submarino inimigo faria e, consequentemente, não era o caminho que precisávamos seguir.

Nenhuma das revisões da cadeia de comando acima notou esse problema, pois todas as revisões estavam focadas em garantir que as cartas estivessem corretas do ponto de vista navegacional e regulamentar, não em habilitar o *Santa Fe* a ser uma embarcação de guerra operacionalmente eficaz. Em resumo, as revisões focaram em evitar erros, em vez de em conseguir realizar algo.

Da mesma forma, havia outra tendência humana indo contra nós. Os subordinados geralmente querem apresentar ao chefe um produto "perfeito" logo da primeira vez. Infelizmente, isso impacta a eficiência, pois um esforço significativo pode ser desperdiçado. Decidimos então que, a cada fase no processo de revisão, o navegador ou o navegador-assistente falaria comigo. Seriam conversas rápidas. Da parte deles, a equipe de revisão precisava superar o receio de uma crítica a respeito de um plano incompleto; de minha parte, precisava me segurar para não me apressar com comentários. Elaboramos isso com a máxima "um pequeno leme longe das rochas é muito melhor que um monte de lemes perto das rochas".

### Mecanismo: Conversas Preliminares Curtas Tornam o Trabalho Eficiente

Nem todos gostaram dessa ideia. Ter a mim, o chefe, envolvido no processo arriscaria meu nível de isenção, tornando-me menos propenso a descartar o plano e recomeçar, pois teria participado de seu desenvolvimento. Nesse ponto, era uma escolha que eu estava disposto a fazer, pois senti que precisava de conversas frequentes com todos os níveis da cadeia de comando para assegurar que eles estavam trabalhando com foco no alcance da excelência operacional. Mais tarde, uma vez que a tripulação tinha adotado a nova filosofia de alcançar a excelência operacional, em vez de evitar erros, eu me afastaria do processo.

Além dessa barreira, havia outro problema, mais básico. As cartas tinham inconsistências no traçado. Em uma delas, a curva de 180 metros de profundidade estava destacada em amarelo, e, em outra, em vermelho.

Os jovens oficiais responsáveis por executar a missão de observação como oficiais de convés receberiam cartas com legendas de formas diferentes e em dias diferentes. Amarelo significaria uma coisa aqui e algo diferente lá. Também imaginei alguém correndo para olhar a carta no meio da noite em uma sala de controle escura e não conseguindo entender a situação porque não tínhamos aplicado as cores de forma coerente. Essas situações eram indicativas de desastre.

Por estar irritado que as revisões não tinham tido foco nos objetivos operacionais corretos, instintivamente eu quis chamar a atenção do oficial executivo e exigir melhorias. Ele, por sua vez, chamaria a atenção de Bill Greene, que chamaria a atenção do Chefe John Larson e do navegador assistente, e assim por diante. Estaríamos aderindo à cadeia de comando, mas com somente 48 horas para partir, isso não nos deixaria prontos a tempo. Além do mais, perpetuaria a abordagem hierárquica da qual estava tentando me distanciar.

Em vez disso, reunimos os contramestres para discutir as questões. Pensei que os marinheiros juniores ficariam incomodados ao serem chamados para uma reunião importante com o capitão, quando tudo o que eles queriam era fazer logo o trabalho. Estava enganado.

Apresentei os problemas com as cartas e a forma como cheguei às minhas conclusões. Um dos contramestres subalternos, recentemente qualificado para a observação, era um afro-americano troncudo que chamávamos de Sled Dog [Cão de Trenó, em tradução livre] porque ele trabalhava até ficar exausto. Se você o encontrasse caminhando pelo submarino, pensaria que era um auxiliar, não um contramestre.

Para minha surpresa, Sled Dog imediatamente se animou e começou a dar sugestões. Estava claramente frustrado, trabalhando duro nos bastidores; agora ele podia ser ouvido. Era um caso clássico do trabalhador tecnicamente competente, mas sem clareza sobre o que tentava realizar. Essa prática ineficiente de trabalho era a antítese do que faríamos, e fiquei feliz por ter essa percepção.

Quando perguntei sobre a razão de as cores diferentes escolhidas para as linhas de contorno, Sled Dog admitiu honestamente que as curvas haviam sido destacadas simplesmente com base nos marcadores que estavam disponíveis no momento.

Eu queria que as cores fossem coerentes e que transmitissem informação. Alguém sugeriu que usássemos um esquema modificado da *National Geographic*: tons de vermelho representariam águas rasas; tons de azul, águas profundas. Também sugerimos esquemas-padrão para as águas designadas. As águas do *Santa Fe* estariam sempre em azul nos exercícios militares (as forças norte-americanas são sempre "azuis"); para os outros submarinos seria amarelo; áreas com águas compartilhadas, mas separadas por zonas de profundidade, seriam — adivinhou — verde! Uma olhada rápida na carta, e cada Oficial do Deck saberia na hora que, o que estivesse em azul, seriam águas do *Santa Fe*; se amarelo, precisaríamos ficar fora; se verde, manter uma zona de profundidade específica. E isso deu certo, pois as convenções de exibição com simbologia eficaz e cores bem definidas atingem um campo muito mais amplo de conhecimento do cérebro, incorporado ao que já sabíamos. (A leitura recomendada sobre esse tema é *The Visual Display of Quantitative Information* [Apresentação Visual de Informações Quantitativas, em tradução livre], de Edward Tufte.)

Testamos as mudanças e, depois de concordarmos que elas faziam sentido, Bill Greene redigiu nossos novos procedimentos no Regulamento Interno. Foi quando a excelência na navegação aconteceu e a excelência em combate começou.

CONVERSAS PRELIMINARES E CURTAS são um mecanismo de CONTROLE. É um mecanismo de controle, pois as conversas não consistem em dizer o que fazer, mas eram oportunidades para a tripulação receber feedback imediato sobre como lidavam com os problemas. Isso permitiu a ela manter o controle da situação. As discussões preliminares e rápidas também proporcionaram clareza sobre o que queríamos alcançar. Muitas duraram somente 30 segundos, mas economizaram horas de trabalho.

A atenção de um comandante é, sem dúvida, um tempo precioso para uma organização, e a hierarquia supostamente deveria proteger esse tempo. As ineficiências de meu tempo eram altamente visíveis, principalmente para mim. Menos visíveis, entretanto, eram as ineficiências de todas as outras pessoas na organização. Em minha organização, mesmo contabilizando a diferença de valor do tempo de cada um, essas ineficiências superavam muito qualquer eficiência que estava conseguindo no meu período como capitão.

Além disso, os supervisores precisavam reconhecer que a demanda por produtos perfeitos quando os viam pela primeira vez resultava em perdas e frustrações significativas em suas empresas. Mesmo uma checagem de 30 segundos logo no início poderia economizar horas de trabalho da equipe. Muitas e muitas vezes, eu andava pelo submarino e dizia a alguém "Mostre-me no que você está trabalhando", apenas para descobrir que uma tradução bem-intencionada do objetivo, mas equivocada, estava resultando em um desperdício significativo de recursos.

### Você Não Confia em Mim?

Um problema que surgiu enquanto difundíamos a ideia das interações preliminares no início do processo foi a questão da confiança. Eu podia ouvir os suboficiais reclamando que o comando "não confiava neles", e algumas vezes eles me desafiaram diretamente com essa reclamação. Por um bom tempo, isso me incomodou, pois eu realmente confiava neles, mas não sabia como responder à questão. Então, me dei conta de que estávamos falando sobre duas coisas totalmente diferentes.

Confiança significa: quando você relata que podemos posicionar o submarino em um certo ponto, você acredita que podemos posicioná-lo da forma como indicou. Não confiar em você significaria eu achar que você poderia estar dizendo uma coisa, enquanto, na verdade, acreditava em outra. Confiança é meramente uma característica do relacionamento humano. Agora, se a posição que você indicou é realmente a melhor opção tática para o *Santa Fe*, isso é uma questão totalmente diferente, e tem a ver com física, tempo, distância e os movimentos do inimigo. Essas são as características do mundo real e não têm nada a ver com confiança.

### QUESTÕES A CONSIDERAR

- Como você enfrentaria as resistências da equipe em ter discussões preliminares antecipadamente com você, o chefe, para garantir que os projetos estão em andamento?
- Em que grau a confiança está presente em sua organização?

- Seu pessoal está gastando tempo e dinheiro criando gráficos e relatórios impecáveis que são, ao mesmo tempo, irrelevantes?
- O que fazer em sua organização para adicionar "um pequeno leme longe das rochas" para prevenir a necessidade de "um monte de lemes perto das rochas"?
- Que fatos comuns usar para alavancar e tornar as informações mais valiosas e acessíveis para seus funcionários?
- Você já descobriu um "motivo" semelhante à confissão de Sled Dog, que admitiu que as legendas das cartas dependiam da cor dos marcadores que ele tinha à mão?"

# 11

# "Eu Pretendo..."

Quão proativos são os gerentes sênior e os funcionários de sua organização? Reformular nosso discurso mudou drasticamente nosso nível de proatividade.

### 21 de janeiro de 1999: Pearl Harbor, Havaí
### (159 dias para o destacamento)

"Comando, manobra, parada do reator!" O reator acabara de ser desligado. O engenheiro deliberadamente o desligou para testar a capacidade de seu departamento de encontrar e consertar um defeito simulado.

Os quatro dias que tínhamos para retomar nossos hábitos até que nos encontrássemos com o Comodoro Mark Kenny estavam cheios de treinamentos, saídas de qualificação, exercícios de ataque e eventos de carregamento de torpedos. Depois de embarcar a equipe de inspeção, seguiríamos à caça de um submarino inimigo em direção a Maui, onde faríamos alguns exercícios de lançamento de torpedos contra todos os alvos que fossem designados. Seria divertido, mas eu estava tenso em relação a como o submarino se sairia. Seria nosso primeiro grande teste.

A "mentalidade de inspeção" é um destruidor de motivação. É a prática de focar somente a próxima inspeção. Enquanto muitos submarinos direcionam seus esforços para irem bem na inspeção seguinte, em alguns essa mentalidade de inspeção era tão forte, que se referiam a ela como "patrulhas ORSE" e "patrulhas TRE." A ORSE [Verificação de Salvaguardas Operacionais do Reator (VSOR), em tradução livre] é um teste do reator de propulsão, e normalmente são realizadas simulações de engenharia. A TRE [Avaliação de Prontidão Tática (APT), em tradução livre] envolve simulações desafiadoras de navegação, assim como disparar mísseis e torpedos; são executadas normalmente como simulações avançadas. No *Santa Fe*, sair-se bem nas inspeções seria o resultado natural de ter excelência, não o objetivo. A excelência operacional e tática e a prontidão em servir o país eram o que importava. Se tivéssemos excelência e estivéssemos preparados, as simulações e inspeções estariam resolvidas.

Estávamos prestes a realizar uma inspeção tática, então era natural que o oficial de armas, o Tenente Dave Adams, tivesse ocupado a programação com treinamento tático e de armamentos. O engenheiro, Tenente-Comandante Rick Panlilio, queria executar uma simulação de engenharia, o que me pareceu uma boa ideia, pois precisávamos treinar ambos os extremos do submarino: o tático e o de propulsão. Fico feliz por ter concordado em incluir tal simulação, pois aprendi uma lição de significado profundo tanto para mim quanto para o futuro do *Santa Fe*.

A simulação era simples. O engenheiro pararia o reator, com uma falha simulada. O departamento de engenharia encontraria o problema, conduziria os reparos necessários e religaria o reator. Enquanto o reator estivesse desligado, teríamos de mudar a propulsão do grande sistema movido a vapor dos motores principais para um motor bem menor de propulsão elétrica, chamado MPE. O MPE pode fornecer energia para o submarino somente a uma velocidade baixa, mas é suficiente para levar a embarcação de volta para casa se o reator ficar fora de serviço.

Nós nos preparamos para a simulação. Eu estava na sala de controle na parte dianteira do submarino, observando o oficial do convés e os sentinelas no controle da embarcação. Na sala do motor, Rick e sua equipe de simulação prepararam e iniciaram o procedimento ao desligar o reator.

O oficial de convés, Tenente-Comandante Bill Greene, meu chefe de departamento sênior, estava fazendo tudo certo. Havíamos mudado a propulsão dos motores principais para um motor elétrico auxiliar, o MPE, para alimentar o propulsor. O submarino estava indo a uma profundidade rasa, de forma que o motor a diesel pudesse ser usado para fornecer energia elétrica e manter a bateria carregada até que o reator fosse reiniciado. Durante o longo período de conserto, enquanto os técnicos eletrônicos nucleares procuravam o defeito, comecei a ficar entediado, e me distraí ligando e desligando minha lanterna. As coisas estavam caminhando muito bem. Eu não poderia deixar a tripulação pensar que seu novo capitão era acomodado!

Incentivei Bill a aumentar a velocidade de "1/3 à frente" para "2/3 à frente" no MPE, para dar aos homens com treinamento nuclear algo a mais com o que se preocupar. Isso aumentaria significativamente a taxa de descarga da bateria e colocaria pressão na equipe que estava resolvendo o problema a encontrar e corrigir o defeito mais rapidamente. À velocidade "2/3 à frente", há praticamente um clicar contínuo do medidor de ampères-hora da bateria. Um lembrete audível de que o tempo está acabando. É angustiante!

"Dois terços à frente", ele ordenou.

Nada aconteceu.

O timoneiro deveria ter se movimentado e registrado 2/3 à frente. Em vez disso, pude ver que se contorcia na cadeira. Ninguém disse nada, e vários segundos desconfortáveis se passaram. De forma perspicaz, notando que a ordem não havia sido executada, perguntei ao timoneiro o que estava acontecendo. Ele estava olhando para o painel, mas reportou virando um pouco a cabeça: "Capitão, não há 2/3 à frente no MPE!"

Eis minha explicação. Como mencionei em um capítulo anterior, eu nunca estive nesta classe de submarinos antes, e todas as embarcações nas quais estive até então tinham 1/3 e 2/3 no MPE. Tenho certeza de que em algum momento de meu treinamento sobre o submarino esse fato deve ter sido mencionado, mas não me atentei à infinidade de detalhes técnicos. Havia confiado em meu conhecimento prévio.

Elogiei o timoneiro e chamei a atenção de Bill. No canto da sala de controle, perguntei se ele sabia que não havia 2/3 à frente no MPE.

"Sim, Capitão, eu sabia."

"Bem, então por que você deu a ordem?", perguntei espantado.

"Porque o senhor me disse para fazê-lo."

"O quê?"

"Pensei que o senhor tivesse aprendido algo secreto no treinamento de aspirantes que só ensinam aos oficiais comandantes."

Ele estava sendo totalmente honesto. Ao dar a ordem, levei a tripulação de volta ao modelo de liderança hierárquico, de comando e controle. O fato de o oficial do convés mais antigo e experiente repetir a ordem foi um imenso sinal de alerta sobre os perigos desse modelo para algo tão complicado como um submarino. O que acontece em uma cultura hierárquica quando o líder está errado? Todos o seguem. Jurei dali em diante nunca mais dar nenhuma ordem. Deixaria esta ser uma lição para mim mesmo para manter minha boca fechada.

Esse incidente me lembrou de quando fui repreendido como oficial do convés em meu primeiro submarino, o USS *Sunfish*, ao pedir permissão ao capitão. "Somente me diga o que você fará", ele disse. Dalí em diante, comecei a dizer "Capitão, eu pretendo…", e ele me encorajava.

Foi o que decidimos fazer no *Santa Fe*. Não seria somente quando se estivesse na vigilância, e não seria somente para os oficiais. Isso começou a ser absorvido pela tripulação e permeou a forma como conduzíamos nossas atividades. De minha parte, evitaria dar ordens. Os oficiais diriam suas intenções com "Eu pretendo…", e eu diria "Muito bem". Então, cada homem executaria seu plano.

### Mecanismo: Use "Eu Pretendo…" Para Transformar Seguidores Passivos em Líderes Ativos

"EU PRETENDO…" é um mecanismo poderoso de CONTROLE. Embora pareça um mero jogo de palavras, descobrimos que isso mudou profundamente o sentimento de propriedade sobre o plano dos oficiais.

O "Eu pretendo…" não demorou muito para ser entendido. Os oficiais e a tripulação adoraram. E eu fui o único que, ironicamente, teve problemas com isso. Estava preocupado que alguém diria "Eu pretendo…" quando eu dormia, e não estaria totalmente informado ou não teria entendido perfeitamente o que aconteceu. Então, criamos uma regra de que o "Eu pretendo…" somente se aplicaria quando eu estivesse acordado. Sendo assim, se aplicaria a tudo.

Um ano depois, eu estava sentado na ponte do *Santa Fe* com o Dr. Stephen Covey, que soube o que estávamos fazendo e se interessou em navegar no submarino. O Comodoro Mark Kenny foi fundamental para promover esse encontro. Neste ponto, a tripulação havia incorporado totalmente nossas iniciativas de controle, e o "Eu pretendo…" era notoriamente visível. Ao longo do dia, os oficiais se aproximavam de mim com a frase "Eu pretendo…".

"Capitão, pretendo submergir o submarino. Estamos em águas nossas, a profundidade já foi verificada e é de aproximadamente 122 metros. Todos os homens estão lá embaixo, a embarcação está preparada para o mergulho e certifiquei minha equipe de observação."

"Muito bem."

O Dr. Covey estava profundamente interessado em como o submarino operava. Dei uma cópia do livro *Os 7 Hábitos das Pessoas Altamente Eficazes*, escrito por ele, para cada chefe e oficial que se reportava a bordo do *Santa Fe*. Estávamos aplicando muitas das ideias de seu livro em todos os níveis da corporação, com grande sucesso.

## O Poder das Palavras

A chave para nossa equipe se tornar mais proativa se baseia na linguagem que os subordinados e os superiores usam. A seguir, listo algumas "frases impotentes" que seguidores passivos usam:

- Peço permissão para...
- Gostaria de...
- O que deveria fazer a respeito de...
- Você acha que deveríamos...
- Podemos...

E, a seguir, uma pequena lista de "frases empoderadas" que realizadores ativos usam:

- Pretendo...
- Planejo...
- Irei...
- Iremos...

Leitores interessados podem conferir o livro *O 8º hábito*, de Stephen Covey, para mais ideias sobre o valor de uma linguagem empoderadora.

Depois disso, ampliamos o conceito.

Frequentemente eu não diria somente "Muito bem". Haveria muitas questões não respondidas sobre a segurança e adequação ao evento proposto, então me peguei fazendo uma série de perguntas.

Um dia, me segurei e, em vez de fazer as perguntas que tinha em mente, perguntei ao oficial do convés o que ele achava que eu estaria pensando quando ele disse "Eu pretendo submergir".

"Bem, Capitão, acho que o senhor está pensando se é seguro e apropriado submergir."

"Correto. Então por que você apenas não me diz por que pensa que é seguro e apropriado submergir? Tudo o que precisarei dizer é 'Muito bem'."

Depois disso, o objetivo dos oficiais foi me fornecer um relato completo o suficiente de forma que tudo o que eu teria a dizer seria uma simples aprovação. Inicialmente, eles dariam algumas informações, mas não todas. Na maioria das vezes, entretanto, eles tinham as respostas, apenas não as tinham verbalizado. No final, os oficiais descreviam seu processo mental completo e a fundamentação para o que eles estavam prestes a fazer.

O benefício desse simples acréscimo foi o que os fez pensar no nível superior seguinte. Os oficiais do convés precisavam pensar como o capitão, e assim por diante abaixo da cadeia de comando. De fato, ao articular suas intenções, os oficiais e a tripulação estavam se comportando como o nível de comando acima. Não precisávamos de programas de desenvolvimento de liderança; a forma como conduzíamos o submarino era o programa de desenvolvimento de liderança. Um dos mecanismos a que dou crédito pelo grande número de promoções que foram concedidas aos oficiais e tripulação do *Santa Fe* na última década foi nosso procedimento do "Eu pretendo...".

Afinal, invertemos a ordem de tudo. Em vez de um capitão dando ordens a 134 homens, tínhamos 135 homens independentes, com energia, comprometidos emocionalmente e engajados, pensando sobre o que seria necessário fazer e as formas para fazer certo. Esse processo os transformou em líderes ativos, ao contrário de seguidores passivos.

Posteriormente, tive a oportunidade de conversar com um amigo que me deu aulas no treinamento de aspirantes. Ele estava frustrado com a falta de capacidade de muitos oficiais em fase de aprovação no treinamento, quase prontos para serem promovidos a oficiais comandantes, para tomar decisões no nível de capitão. Ele disse que esses oficiais "vinham de bons submarinos", mas ficavam paralisados quando tinham de tomar decisões. Discordei do fato de ele os ter categorizado como "bons submarinos". Usando aquele termo, ele queria dizer as embarcações que não tinham problemas — pelo menos que soubéssemos. Mas isso foi conseguido obviamente com uma estrutura hierárquica, líder-seguidor, em que o capitão tomava as decisões enquanto esses oficiais estavam em segundo lugar na linha de comando. Além do mais, não parecia que o capitão tinha envolvido ou treinado suficientemente seu oficial executivo.

Isso mostra o quanto recompensamos as estruturas de liderança centradas em personalidade e aceitamos suas limitações. Esses podem ter sido bons submarinos, nos quais se evitavam problemas, mas certamente não tinham uma boa liderança.

Por que eu disse ao navegador que deveríamos ir 2/3 à frente no MPE? Ser o capitão de um submarino nuclear pode ser algo muito agitado. Você dá ordens, pessoas se apressam, o reator vai para uma potência maior, o submarino acelera na água. Você quer mais, você dá mais ordens e se torna mais controlador. Há um apelo sedutor nos líderes, mas é debilitador e drena a energia dos seguidores.

### QUESTÕES A CONSIDERAR

- O que nos faz tomar o controle quando deveríamos delegá-lo?
- Consegue se lembrar de algum incidente recente em que um subordinado seguiu uma ordem sua pois achou que você tinha alguma informação secreta "somente para executivos"?
- Qual seria o obstáculo mais desafiador para implementar o "Eu pretendo..." em seu negócio?
- Seus gerentes de nível intermediário conseguiriam refletir sobre seus planos de ação para o próximo grande projeto da companhia e defendê-los?

# 12

# Levantar Periscópio!

Você gosta de ajudar seu pessoal a chegar às respostas certas? Eu gostava, e isso piorou a situação.

### 27 de janeiro de 1999: Pearl Harbor, Havaí
### (153 dias para o destacamento)

A mesa da carta de navegação em um submarino costuma ser um lugar cheio de gente. O Tenente Dave Adams, o Tenente-Comandante Bill Greene e o oficial executivo estavam ao redor da mesa comigo, além do Chefe John Larson. Acabamos deixando de lado Sled Dog, o contramestre.

Para onde o inimigo estaria indo? Procurei na carta e tive uma ideia. Vi que eles provavelmente estariam se dirigindo para águas com mais tráfego próximo a Maui.

"Aqui, precisamos estar *aqui* às 6h." Apontei na carta com a parte de trás da lanterna em um ponto na bacia de Maui. Se o inimigo estava de fato se dirigindo para *aquelas águas* com maior tráfego, aquele local, em uma posição acima dele, mirando para as águas mais profundas e calmas, seria o ponto a partir do qual lançaríamos nosso ataque.

Era meia-noite. Eu estava exausto e precisava de algumas horas de sono. Tínhamos voltado a Pearl Harbor para buscar o Comodoro Mark Kenny e sua equipe de inspeção. O submarino estava se saindo bem, mas senti que precisava estar em muitos lugares ao mesmo tempo. Para isso, os supervisores da noite teriam de colocar o Santa Fe em posição: levando em conta os movimentos do inimigo, a interferência do tráfego marítimo, o vento e as condições do mar, além de vários outros fatores.

Olhei ao redor. Recebi sinais de aprovação. Perguntas? Nenhuma. "Ok, me chamem se acontecer alguma coisa que interfira nesse plano, ou que nos faça reconsiderá-lo."

Uma abordagem mais apropriada teria sido discutir sobre por que cheguei àquela conclusão e que premissas eram essenciais para fazer tal conclusão dar certo. É o que eu queria ter feito, mas não tinha mais energia ou tempo. Todos os dias, o dia inteiro, parecia que era tudo o que eu fazia. Era exaustivo. Tentei ficar o mais quieto possível e deixar os oficiais conduzirem as coisas com o "Eu pretendo…", mas a hierarquia estava enraizada em como operávamos, e retornamos com os maus hábitos.

### 28 de janeiro de 1999: A bordo do *Santa Fe* (152 dias para o destacamento)

Quando me levantei às 5h, fiquei desapontado ao saber que estávamos várias milhas longe da posição. Não somente isso, mas havíamos ido para a direção errada, *longe* do inimigo! Agora, era provável que o inimigo estivesse em uma posição acima da nossa! Levaria horas para reverter a situação, um erro tático que poderia resultar em uma nota baixa durante uma inspeção, mas poderia significar a morte em combate. A equipe de observação deixou que uma série de contatos rápidos e questões navegacionais a influenciasse, em vez de conduzir o submarino para uma posição taticamente ideal. Ainda deixávamos que as coisas acontecessem, no lugar de fazermos as coisas acontecerem proativamente.

O Comodoro Kenny estava na sala de controle, observando as interações de nossa equipe. Eu estava impaciente, mas mantive a calma. Percebi que a falha era minha. Não seríamos capazes de mudar de uma posição inferior para uma posição superior ao inimigo da noite para o dia.

Minha reação imediata foi pensar que eu precisava gerenciar tudo mais cuidadosamente — "deveria ter checado às 3h" —, mas isso teria me colocado exatamente na mesma situação em que estive a bordo do *Will Rogers*. Tinha de haver uma saída. Depois de refletir, decidi que dar instruções específicas, como em minha instrução "Precisamos estar *aqui* às 6h", sem os processos mentais subjacentes, simplesmente não funcionava no mundo complexo e imprevisível em que estávamos. Não havia atalhos. À medida que o nível de controle é delegado, se torna mais e mais importante que a equipe esteja alinhada com o objetivo da organização. Nesse ponto, embora tivesse falado sobre cumprir nossa missão (um objetivo positivo), a equipe ainda tinha a velha mentalidade de afastar problemas (nesse caso, evitar fazer contatos para impedir uma detecção pelo inimigo e minimizar o risco de colisão). Quando se tratava de perseguir o inimigo, uma avaliação correta do risco em relação ao ganho teria sido mais focada em conduzir o submarino para uma posição taticamente ideal, em vez de evitar contatos.

Durante as horas seguintes, procuramos nosso caminho em direção a um melhor posicionamento tático. Estávamos fazendo um bom progresso, mas tivemos de voltar atrás para evitar um navio pesqueiro e perdemos terreno. O *Santa Fe* operava em profundidade de periscópio (PP) em águas rasas, de forma que cada curva levava vários minutos. Era muito lento.

"Levantar periscópio." O oficial do convés girou o anel, e o sistema hidráulico começou a erguer o periscópio de aproximadamente 5,5 metros para sua posição totalmente levantada.

O *Santa Fe* estava bem próximo à superfície da água. Nivelado com o periscópio levantado, um pequeno bastão de apenas 0,6 metro seria visível sobre a superfície. Ainda assim, o oceano estava bem estável naquele dia, e mesmo com nossa baixa velocidade nosso periscópio poderia ser visto. Levantamos o periscópio por somente alguns segundos, olhamos rapidamente ao redor, e o baixamos.

Estávamos nos estágios finais de um jogo de gato e rato com o submarino inimigo a diesel. A guerra simulada havia se intensificado a tal ponto, que o *Santa Fe* estava autorizado a afundá-lo.

O inimigo havia tomado aquela área de propósito. O fundo raso e irregular reduzia a eficácia do torpedo, e para garantir um disparo teríamos de ter uma ideia precisa da localização do inimigo. A melhor forma de fazer isso seria realmente vendo-o, razão pela qual fomos para a profundidade de periscópio, procurando visualmente pelo submarino inimigo. Para conseguir isso, colocamos mais de 20 homens na sala de controle, um espaço de praticamente metade da área de uma unidade da Starbucks.

Levávamos o torpedo Mk 48 ADCAP (capacidade avançada). É uma arma devastadora tanto contra embarcações de superfície quanto contra submarinos. Lançamos o torpedo para interceptar o alvo da mesma forma que um caçador atira em um pato. Além disso, o torpedo tem seu próprio sistema de sonar, que procura pelo alvo para uma interceptação precisa. O torpedo desenrola um cabo que fica conectado ao submarino e permite ver a imagem à frente do torpedo e reposicioná-lo, enviando comandos de direcionamento.

"Apontar!" Entre as boias e o nevoeiro, e contra as ilhas havaianas como pano de fundo, o oficial de convés viu o periscópio do inimigo e imediatamente baixou o nosso. Se podíamos vê-lo, ele também poderia nos ver.

"Capitão, recomendo procedimentos de ponto de disparo!" Dave Adams estava me pressionando a ordenar o ataque, e eu gostei. Como oficial de armas, ele sabia que tínhamos tudo preparado para um disparo bem-sucedido: armamentos carregados e prontos nos tubos, um ponto preciso na mira e uma autorização para ser dada. Esperar por informações mais precisas somente dariam ao inimigo mais tempo para nos detectar.

"Muito bem, oficial de armas." Queria reconhecer sua iniciativa.

Ordenei o ataque. "Procedimentos de ponto de disparo, submarino. Tubo um primário, tubo dois reserva."

Sequei o suor de minhas sobrancelhas.

O discurso-padrão seguiu a ordem, à medida que os oficiais assistentes relatavam prontidão para o lançamento. As palavras seguintes que ouvi, entretanto, não eram parte daquele discurso.

"Permissão para levantar a BRA-34 para fazer download da transmissão."

O quê? Levantar a antena de rádio?

Estávamos no final de nosso ciclo de 12 horas de transmissão. Era hora de receber nossas mensagens. Havíamos evitado levantar aquela antena, pois ela fica para fora da água mais alto do que o periscópio e teria de ficar levantada por vários minutos, fazendo com que o *Santa Fe* fosse muito provavelmente detectado.

Resisti ao impulso de esbravejar. Olhei para o Comodoro Kenny, que estava de pé ao lado da sala de controle. Ele sorria como se tivessem planejado esse pequeno problema somente para me testar. Obviamente, seu inspetor de rádio o estava mantendo informado de que estávamos nos aproximando das 12 horas da transmissão e que o prazo de fazer o download das mensagens expiraria bem em nossa pior hora.

Ao apontar para a carta e dar a solução para minha tripulação, piorei as coisas. Privei-os da oportunidade e obrigação de pensar.

Estava tentado a dar ordens nesse momento, mas olhei para baixo. "Não faremos isso", murmurei. "Temos que encontrar outra solução." Mesmo se perdêssemos a oportunidade de atacar bem naquele momento, eu precisava fazer com que todos a bordo estivessem pensando.

Esperei por vários segundos. Funcionou.

Os chefes de departamento começaram uma rápida discussão. Resisti ao impulso de dizer qualquer coisa e fiquei quieto. Os segundos estavam passando, e a incerteza sobre a posição do inimigo crescia. Alguém pontuou que, se afundássemos a outra embarcação, teríamos de reportá-lo por meio de uma comunicação, e, quando o fizéssemos, baixaríamos a transmissão. E, por sinal, não haveria ninguém para nos detectar naquele momento!

"Capitão, recomendamos continuar com o ataque!"

Voilà!

"Mira final e disparo!" O periscópio foi levantado. Nesse momento, eu estava lá. Apontei o periscópio para o submarino inimigo e apertei o botão de mira, enviando a informação precisa para os computadores calcularem o curso de interceptação.

"Pronto!" O comando de mira estava executado; os cálculos foram atualizados e enviados para o torpedo.

"Disparar!", anunciou Dave Adams. Por procedimento, uma vez que eu tivesse ordenado "mira final e disparo", os oficiais de armas ordenavam o aperto final do botão que lançaria o torpedo.

Caiu! Sentimos o estremecimento na sala de controle à medida que a água em alta pressão empurrava o ADCAP para fora do tubo um, que ligava seu motor e seguia sua rota.

"Unidade funcionando normalmente, cabo ok!"

"Unidade convergiu para o ponto de mira do alvo."

Os relatórios normais estavam chegando.

Nesse momento, esperamos. Nosso torpedo iria até onde o inimigo estava e se ativaria. Se tudo desse certo, encontraria o alvo nos primeiros sinais de seu sonar e o colocaria em mira.

"Detectado!" O torpedo encontrou o inimigo. Conferimos sua localização e onde pensávamos que o inimigo estava. Atualizamos um pouco a localização do inimigo.

"Atingido!" Pegamos eles!

"Grande explosão." (Isso foi simulado pelo inspetor, que avaliou que nosso torpedo havia atacado com sucesso o submarino inimigo.)

Comemoração na sala de controle. Tínhamos conquistado nosso primeiro sucesso!

## Mecanismo: Resistir ao Impulso de Dar Soluções

Refleti sobre o que havia acontecido e me dei conta de que, apesar de estar cansado e ter levado tempo, deveria ter deixado meus oficiais encontrarem a solução.

Situações de emergência demandam tomadas de decisão instantâneas e ordens claras. Não há tempo para grandes discussões. Apesar disso, a maior parte das situações não precisa de decisões imediatas. Temos tempo para deixar a equipe refletir sobre a questão, mas, ainda assim, aplicamos o modelo de crise e rapidamente damos ordens. RESISTIR AO IMPULSO DE DAR SOLUÇÕES é um mecanismo de CONTROLE. Quando se segue o modelo líder-líder, você deve dar um tempo para deixar que as pessoas também reajam à situação, criar um espaço para a decisão aberta de toda a equipe, mesmo que esse espaço dure somente poucos minutos ou poucos segundos. É mais difícil que no modelo líder-seguidor, pois requer que você antecipe decisões e alerte sua equipe de uma necessidade futura. Em um modelo hierárquico, os subordinados não precisam pensar antecipadamente, pois o chefe tomará a decisão quando for necessário.

Esse foi um hábito difícil de quebrar, tanto para minha equipe quanto para mim. No meu início no comando do *Santa Fe*, fomos para o simulador de treinamento, onde praticamos ataques com torpedos. Fui com a equipe de controle de disparos, de aproximadamente 30 pessoas. Eu disse a eles no começo que não daria nenhuma ordem a não ser que alguém pedisse. Acabamos andando em linha reta por meia hora, porque todos pensaram que eu diria a hora de virar. Foi terrível.

Quantas vezes questões que requerem decisões aparecem sem dar aviso? Se isso acontece muito, você tem uma organização reativa, presa em uma espiral descendente. Quando os problemas não são previstos, a equipe não tem tempo para pensar sobre eles; é necessária uma decisão rápida do chefe, o que não capacita a equipe, e por aí vai. Ninguém tem tempo para realmente refletir sobre o problema.

Você precisa quebrar esse ciclo. Eis algumas formas de tentar fazer sua equipe pensar com autonomia:

- Se a decisão precisa ser tomada de forma urgente, tome-a, e depois peça para que a "equipe vermelha" decida e a avalie;

- Se a decisão precisa ser tomada razoavelmente rápido, peça a contribuição de sua equipe, mesmo que rapidamente, então tome a decisão;
- Se a decisão puder ser adiada, então force a equipe a trazer contribuições. Não force a equipe a chegar a um consenso; isso encobriria diferenças e votos discordantes. Valorize a diversidade de opiniões. Se todos pensam como você, você não precisa deles.

## QUESTÕES A CONSIDERAR

- Quão profundamente a estrutura hierárquica, do tipo líder-seguidor, está enraizada na forma de sua organização operar?
- Você reconhece situações nas quais precisa resistir ao impulso de dar soluções?
- Quando problemas acontecem, imediatamente você pensa que deve gerenciar tudo com mais cuidado?
- O que você pode fazer na próxima reunião com seus funcionários mais antigos para criar um espaço para a tomada aberta de decisões por parte de toda a equipe?

# Quem é o Responsável?

Você está enviando inadvertidamente uma mensagem que mina o sentimento de propriedade e responsabilidade entre os subordinados? Nós estávamos.

### 28 de janeiro de 1999: A bordo do *Santa Fe* (152 dias para o destacamento)

Além de observar o submarino realizar suas manobras táticas, a equipe de inspeção também verifica os problemas administrativos. Neste caso, identificaram que o *Santa Fe* não havia respondido a várias mensagens para autoridades superiores — a esquadra, a Força de Submarinos do Pacífico (SUBPAC) e a área de manutenção. Naturalmente, não fiquei contente, mas não queria desviar muita atenção do disparo do torpedo e do míssil. Depois que esses eventos terminaram, entretanto, perguntei ao oficial executivo sobre os itens que estavam atrasados, e ele me trouxe a "pasta de pendências" (imagine uma música assustadora aqui), um fichário de aproximadamente 7,6 centímetros de espessura mantido por seus suboficiais e que tinha todas as mensagens — tais como essa — que havíamos recebido. Estavam classificadas por departamento e data limite. Ele olhou para a pasta e orgulhosamente relatou que, muito provavelmente, estávamos acompanhando aquela mensagem em particular e sabíamos que não tínhamos respondido.

Tínhamos, então, um sistema focado em entender a situação, em vez de realmente garantir que o trabalho fosse feito. Infelizmente, todos estavam muito ocupados em consultar a pasta, e, em todo caso, ela ficava guardada em um armário na cabine do oficial executivo. Como em qualquer outro submarino, tínhamos reuniões semanais de acompanhamento de pendências, em que os chefes e chefes dos departamentos se sentavam no refeitório dos oficiais por uma hora ou mais repassando todas as páginas da pasta. Claro que essa atividade não resultava em nenhum trabalho feito, mas permitia que se catalogasse o que deveria ser feito e o que negligenciamos. Tomava um tempo grande e valioso da supervisão.

Essa era a forma como todos faziam e sempre tinham feito.

Não há exigência em se manter uma pasta de pendências, somente a de se garantir que o trabalho seja feito. O que acontecia era que, na estrutura líder-seguidor que era ensinada, alguns comandos há muito tempo começaram a manter as pastas de pendências. Essas pastas, então, começaram a ser vistas como uma ferramenta útil para se gerenciar o trabalho. A mensagem oculta nesse método de se fazer as coisas não ajuda; é hierárquica, líder-seguidor e limita a autoridade, a iniciativa, a criatividade, a satisfação no trabalho e, por fim, a felicidade da equipe.

Fundamentalmente, esse processo de pendências envia a seguinte mensagem: acompanharemos e monitoraremos você e o desempenho de seu trabalho. Exigiremos (de alguma forma) o desempenho adequado de sua função.

Isso mina uma mensagem mais poderosa: você é responsável por seu trabalho.

A reunião de acompanhamento de pendências seguinte estava se aproximando, e me convidei para participar.

Resisti ao instinto de entrar no modo de microgerenciamento, que levaria as coisas para a direção errada. Como poderíamos mudar a situação e reforçar o princípio central de que os chefes dos departamentos, e não o oficial executivo, eram os responsáveis por suas áreas?

Conversamos sobre quão bem o acompanhamento das pendências tinha funcionado em outros submarinos e equipes nos quais e com as quais já havíamos trabalhado. Nossas experiências se enquadraram em várias categorias.

Alguns comandos tinham um acompanhamento falho de pendências e não conseguiam que nada fosse feito. Nem ao certo sabiam o que estavam devendo e estavam cronicamente atrasados em entregar.

Outros comandos tinham controle das pendências e noção de onde estávamos atrasados, mas não eram eficientes em garantir que o trabalho fosse feito. Esse é o mais ineficiente, pois tem a taxa mais baixa de trabalho finalizado proporcionalmente ao esforço dedicado. Era onde estávamos.

Entretanto, outros comandos eram "bem administrados". Tinham um controle de pendências, sabiam que estava com o prazo expirado e garantiam que fosse feito. Estes eram moderadamente eficientes, pois o trabalho era feito, mas havia ainda a sobrecarga de se manter o controle de pendências e ter as reuniões com a supervisão.

Começamos a elaborar uma forma ainda mais eficiente de fazer isso, um jeito novo.

### Mecanismo: Elimine os Sistemas de Monitoramento Hierárquico

Revisei a rotina de verificações, que realmente estava começando a funcionar bem. Quando faziam reuniões de verificação com o oficial executivo, os chefes dos departamentos agora diziam a ele o que tinham feito, o que não tinha sido feito ainda e com o que precisavam de ajuda. Era um diálogo de baixo para cima. Por que não poderíamos modelar nosso gerenciamento de pendências da mesma forma?

A discussão correu assim:

"Oficial de armas, quem é o responsável por seu departamento?"

"Sou eu, senhor."

"Não é o oficial executivo?"

"Não."

"Então por que devemos perder tempo mantendo uma lista de pendências para você e fazer você estar presente nestas reuniões torturantes de pendências?"

"Não deveriam."

"Ok. Então temos um acordo: vocês têm que garantir que o trabalho será feito."

"Nós garantimos." O Chefe David Steele lembrou-me de que seu departamento trabalhara durante a noite enquanto estivemos em San Diego para garantir que os tubos de mísseis VLS estivessem 100% operacionais para que pudéssemos participar de um exercício grupal aberto de batalha com mísseis Tomahawk. O que eu não sabia é que o Chefe Steele tinha entradas de camarote para assistir a um jogo do Padres (eles estavam perdendo e viraram o jogo) e acabou os dando para outra pessoa. Ninguém disse a ele que ele teria de ou o ordenou que fizesse isso. Era preciso dar suporte à missão, e ele simplesmente o fez.

"Oficial de navegação, você se lembra de quando eu era um aspirante a oficial comandante ocupando um lugar na cabine do oficial executivo e você fez a 'verificação' com ele?"

"Sim, senhor."

"Bem, por que era função do oficial executivo lhe dizer o que você precisava entregar?"

"Bem, hum, não sei."

"Não era. Então eis o que faremos: todos vocês monitorarão seus próprios departamentos e tudo o que estiver com o prazo vencido. Vocês são responsáveis por garantir que o trabalho seja feito, não eu, nem o oficial executivo."

E, com isso, tiramos de nossas costas o peso de manter o controle de pendências. Isso teve duas vantagens. A primeira: seria mais eficiente, pois o trabalho seria feito sem o esforço adicional de se manter o controle de pendências e aquelas reuniões terríveis. A segunda: não haveria dúvida sobre quem era o responsável pelo desempenho de cada departamento, pois eram os próprios chefes!

Ninguém tinha visto algo parecido antes, mas tentaríamos fazer dessa maneira.

**ELIMINAR OS SISTEMAS DE MONITORAMENTO HIERÁRQUICO** é um mecanismo de CONTROLE.

Claro que eu estava preocupado com que muitas coisas escapassem pelos dedos e o *Santa Fe* ganhasse uma reputação de não conseguir entregar o trabalho a ser feito, mas isso não aconteceu. Não direi que não recebemos outras mensagens nos cobrando por não relatar algo, mas eram facilmente resolvidas e não era nada importante. O que foi incrivelmente poderoso foi a ideia de que todos eram responsáveis por seu desempenho e o desempenho de seus departamentos; e que não iríamos nos esforçar muito em dizer a eles o que fazer.

Os supervisores frequentemente lamentam a "falta de propriedade" em seus funcionários. Quando observo o que eles fazem e que práticas têm em suas organizações, consigo ver como frustram quaisquer tentativas de se construir esse sentimento.

Pior ainda, se expressassem suas frustrações, seus subordinados os achariam hipócritas e eles perderiam credibilidade. Não pregue e espere por sentimento de propriedade; implemente mecanismos que realmente o possibilitem. Eliminar o controle de pendências fez isso por nós. Eliminar os sistemas de monitoramento hierárquico fará isso por você. Não falo sobre eliminar a coleta de dados e os processos de mensuração que simplesmente relatam situações, sem julgamento. Eles são importantes à medida que "tornam o invisível visível". O que você deve evitar são os sistemas pelos quais os funcionários mais antigos determinam o que os funcionários mais novos deveriam fazer.

Quando se tratam de processos, a aderência frequentemente se torna o objetivo, ao contrário do alcance dos objetivos que o processo se propôs a atingir. O objetivo, então, se torna evitar erros no processo, e quando estes são cometidos supervisores e inspetores são adicionados. Esses supervisores não fazem nada para realmente atingir o objetivo, e identificam quando o processo vai mal apenas depois que alguma coisa aconteceu.

Em seu livro *Saia da Crise*, W. Edwards Deming expõe os princípios de liderança que se tornaram conhecidos como GQT, ou Gestão da Qualidade Total, que teve um grande impacto em mim. Mostrou-me como os esforços para melhorar o processo tornam a organização mais eficiente, enquanto os esforços para monitorar os processos fazem o contrário. O que eu não tinha entendido era o efeito destrutivo que a frase "Estamos acompanhando você" tem na iniciativa, vitalidade e paixão, até que o vi em ação no *Santa Fe*.

A GQT não é vista como uma moda passageira. A Marinha errou em sua introdução (feita de uma forma contrária à GQT), tanto que virou um palavrão para muitas pessoas. O que é muito ruim, pois há muitas ideias valiosas trazidas pelo pensamento de Deming. Recomendo suas obras a você.

## QUESTÕES A CONSIDERAR

- Você está subutilizando as ideias, a criatividade e a paixão de seus gerentes de nível médio, que querem ser responsáveis pelos resultados do trabalho de seus departamentos?
- Você consegue mudar em sua organização o equivalente à pasta de pendências do *Santa Fe* dos chefes dos departamentos e se livrar das reuniões no processo?
- Quantos sistemas de monitoramento hierárquico estão vigentes atualmente em sua organização?
- Como você pode eliminá-los?

# "Um novo submarino"

Quão confortável você está em demonstrar sentimentos para sua equipe? Nós nem sequer tínhamos uma forma para expressar dúvida, ambiguidade ou incerteza.

### 29 de janeiro de 1999: A caminho de Pearl Harbor (151 dias para o destacamento)

Um submarino não é projetado para navegar na superfície do oceano, porque o topo da torre, onde está a ponte, fica somente 6 metros acima da superfície da água. Na ponte não há acesso ao periscópio, sonar, equipamentos de contato e mostradores de posicionamento geográfico, que ficam na sala de controle, pouco mais de 9 metros abaixo.

O que se tem, de fato, é uma bela visão de 360 graus, algo que não se consegue ao observar o mundo pelas lentes de um periscópio. Dessa forma, conduzimos o submarino a partir da ponte quando estamos na superfície. O único equipamento de comunicação que o condutor tem é um microfone conectado ao submarino e um rádio para falar com outras embarcações. Aprimoramos esses recursos com um radar portátil de uso comercial, que adaptávamos a uma tela de GPS.

Eu estava no topo da ponte preso por um peitoral. A inspeção estava praticamente finalizada, e voltávamos para o porto. O Tenente Dave Adams era o oficial do convés, conduzindo o *Santa Fe* pelo canal em direção a Pearl

Harbor. Ele conversava com os vigias e o interlocutor da ponte. Todos pareciam estar de bom humor, exceto eu. Havíamos dado sequência ao ataque do submarino com um ataque bem-sucedido a uma embarcação inimiga de superfície. Afundamos duas embarcações "inimigas", acertamos dois de dois, e não fomos detectados. Operamos o *Santa Fe* com segurança e eficácia. Nós nos saímos bem.

Ainda assim, eu estava pensando de forma mais crítica sobre como a inspeção tinha sido e o quanto eu tivera de direcionar soluções para os problemas.

"Ponte, navegador. Indicar a curva." Ouvi por acaso a voz do Tenente-Comandante Bill Greene no alto-falante da ponte. A equipe de navegação na sala de controle estava usando a posição obtida pelo periscópio e GPS para determinar onde o *Santa Fe* estava no canal e quando seria necessário fazer a curva.

"Navegador, ponte, sim", Dave confirmou, segurando o microfone à sua frente, mas não ordenou a curva. Esperei um segundo.

"Oficial de armas, você vai fazer a curva?", perguntei diretamente. No canal estreito, todo segundo contava. Olhei ao lado para os pontos de referência diurnos e as palmeiras familiares e sabia que estávamos no ponto onde precisávamos virar.

"Sim, em três segundos. Pensei que eles estavam adiantados." Pareceu incomodado por tê-lo pressionado.

"Operador do leme, leme 15 graus à direita." O *Santa Fe* fez a curva à direita, alinhando-se à perna seguinte do canal. Deu tudo certo.

Mas pude ver que Dave havia perdido a iniciativa, a confiança e o controle. Ele não estava mais conduzindo o submarino, eu estava. Sua satisfação no trabalho acabara de sofrer um grande impacto.

## Verbalizando os Pensamentos

Depois que estávamos seguramente ancorados no píer, refleti sobre o que havia se passado durante nossos dois dias no mar: erro de posicionamento do submarino, apesar de minhas instruções explícitas; o pedido inapropriado e inesperado para levantar a antena de comunicações no meio de um ataque; minha interferência quando Dave conduzia o submarino para o porto sem eu saber o que ele pensava. Além disso tudo, aproximadamente só 10% da tripulação estava realmente praticando a saudação dos "três nomes". Pelo fato de estarmos no meio de uma inspeção, eu não disse nada. Por mais que tivesse me proposto a não dar ordens e a deixar um grupo empoderado de oficiais usar o "Eu pretendo..." para conquistar a vitória, me vi, em muitas ocasiões, correndo para a sala de controle, de torpedos ou sonar para resolver algumas crises e arrumar as coisas. Os sucessos que tivemos ainda dependiam muito de meu envolvimento pessoal. Eu queria poder ter um ataque cardíaco e garantir que o submarino continuaria a lutar eficazmente contra o inimigo.

Por que essas coisas aconteceram? Como chegamos a esse ponto?

Enquanto esperávamos a equipe de inspeção terminar seu relatório, discuti esses problemas com os chefes de departamento que ficaram no submarino. Levantamos várias causas.

Primeiro, a tripulação havia perdido a perspectiva sobre o que era importante. Minha equipe me assegurou que "durante uma guerra de verdade", isso nunca teria acontecido, mas eu não estava tão seguro. A experiência da Marinha no começo da Segunda Guerra Mundial foi a de que muitas tripulações de submarinos e capitães levaram suas práticas de tempos de paz para a guerra junto com eles. O resultado foram operações supercuidadosas que falharam em causar danos significativos ao inimigo. Para mim, isso foi outra manifestação de falta de clareza organizacional e uma tendência a evitar erros, ao invés de alcançar a excelência.

Em segundo lugar, havia uma ausência de comunicação informal. Não havia conversas do tipo "em uma hora teremos que fazer o download da transmissão" e "a transmissão chegará em cinco minutos", o que teria mantido a questão em primeiro plano. Éramos nosso próprio e pior inimigo.

Como oficiais navais, damos ênfase as comunicações formais e temos até um livro, o *Interior Communications Manual* [Manual de comunicações interiores, em tradução livre], que especifica exatamente como os nomes de equipamentos, as estações de vigilância e os eventos planejados são falados, escritos e abreviados. Pelo uso consistente desses termos, evitamos confusão. Por exemplo, derrubamos válvulas, não as fechamos, porque "fechar" pode ser confundido com "soprar". Nós nos *preparamos* para mergulhar, mas depois relatamos estar *prontos* — não *preparados* — para o mergulho.

Essa aderência às comunicações formais infelizmente toma lugar da informação contextual menos formal, mas altamente importante e necessária para maximizar o desempenho da equipe. Frases como "Eu acho..." ou "Estou pensando..." ou "Me parece...", que não são ordens específicas e concisas, são anotadas por equipes de inspeção como exemplo de comunicação informal, o que é considerado muito negativo. Mas é exatamente o tipo de comunicação de que precisamos para fazer o modelo líder-líder funcionar.

Também discutimos o que havia acontecido na ponte quando nos aproximávamos de Pearl Harbor. O que eu esperava que Dave tivesse dito era: "Capitão, o navegador está fazendo as curvas adiantadas. Penso em esperar cinco segundos e então ordenar a curva", ou "Estou vendo a corrente passar com muita força por esta boia e vou fazer a curva antes por causa disso". Agora, o capitão pode deixar a cena se desenrolar. O oficial do convés tem controle sobre seu trabalho e sua iniciativa; ele aprende mais e torna-se um oficial mais eficaz. Está conduzindo o submarino! Adora seu trabalho e fica na Marinha.

Chamamos isso de "pensar em voz alta".

Trabalhamos duro nessa questão da comunicação. Era para todos. Eu pensaria em voz alta quando dissesse, por exemplo, onde precisávamos estar e o porquê. Eles pensariam em voz alta preocupações, receios e reflexões. Não é o que nos vem à mente quando lembramos na imagem do líder carismático e confiante dos filmes, mas cria um sistema muito mais resiliente. Mais tarde, embora o *Santa Fe* estivesse com o melhor desempenho da frota, oficiais identificados com a mentalidade líder-seguidor criticariam o que eles viam como comunicações informais no *Santa Fe*. Se você limita todas as discussões a ordens rígidas e elimina toda a discussão contextual, consegue uma sala de controle bem silenciosa. Isso era visto como bom. Cultivávamos a abordagem oposta e encorajávamos uma agitação constante de discussões entre os oficiais de vigilância e a tripulação. Ao monitorar o nível de agitação, mais do que o conteúdo real, obtive um bom indicador de quão bem o submarino funcionava e se todos compartilhavam informações.

## Balanço da Inspeção

"Esquadra de Submarinos Sete, chegando." O Comodoro Mark Kenny estava de volta a bordo para fazer o balanço da inspeção. Se as notas tivessem sido ruins, ele teria me chamado em seu escritório no Edifício 660. Ainda assim, eu estava apreensivo sobre nossos resultados. Queria muito uma conquista sobre a qual a tripulação pudesse se apoiar.

"David, parabéns. O *Santa Fe* é um novo submarino. Você e sua tripulação ficaram acima da média." Fiquei perplexo. Na força submarina, um "acima da média" realmente era acima da média matemática da frota.

"Minha equipe está muito impressionada", o comodoro continuou. "Eles me falaram a semana toda sobre como os marinheiros os recepcionaram bem no *Santa Fe*, fazendo perguntas, sendo curiosos e tomando iniciativa.

Eu estava preocupado sobre as situações em que sua equipe te desapontou, e você as resolveu bem."

Estávamos ambos pensando em minha postura durante as operações como aspirante a oficial comandante, quando passei por cima de um colega aspirante para conseguir que o trabalho fosse feito. Nenhum de nós precisou mencioná-lo.

Peguei o microfone e transmiti a excelente notícia para toda a embarcação. Pude ouvir os homens comemorando. Citei exemplos específicos de entusiasmo, iniciativa e competência técnica entre a tripulação. Os oficiais foram parabenizados por seu entusiasmo e iniciativa demonstrados por todo o comando. Todos sorriam. Junto com o "Chefes no Comando" e nosso recém-criado "Eu pretendo…", os 10% da tripulação que praticaram a regra dos três nomes foram suficientes para criar uma grande mudança na impressão.

Essa afirmação nos trouxe uma credibilidade importante e serviu como um alicerce resistente para as mudanças que queríamos fazer a seguir. Acabamos precisando disso.

Os bons momentos duraram menos de uma hora.

### Mecanismo: Pensar em Voz Alta

PENSAR EM VOZ ALTA é um mecanismo de CONTROLE, porque quando escuto o que meus oficiais de vigilância estão pensando, é muito mais fácil me manter calado e deixá-los executar seus planos. Era geralmente quando eles estavam quietos, e eu não sabia o que eles fariam a seguir, que ficava tentado a me envolver. Pensar em voz alta é essencial para fazer a transição do modelo líder-seguidor para o líder-líder.

Posteriormente, quando fui chefe da equipe de inspeções táticas por dois anos, andei na maioria dos submarinos do Pacífico. Posso dizer que tanto faz se o submarino é de proa ou popa, de ataque ou balístico, há uma grande relutância dos recrutas em dizer a seus superiores qualquer coisa além de informações totalmente certificadas. Não há espaço em nossa linguagem militar e nenhuma imagem em nossa cabeça para os tipos de conversas com detalhes de contexto, que são críticas para um bom desempenho da equipe. Não ficamos confortáveis falando sobre intuições ou sentimentos ou qualquer coisa com probabilidades envolvidas.

O *Santa Fe* não era exceção. Havia um forte viés cultural contra pensar em voz alta. Na estrutura hierárquica que herdei, não havia muita necessidade para isso, e a linguagem para pensar em voz alta não havia sido exercitada.

Trabalhávamos duro para enraizar esse jeito informal, porém informativo, de falar com a tripulação, até que vinha um novo marinheiro direto do treinamento e não queria dizer nada. Frequentemente me perguntei por que não aprendemos naturalmente as formas mais eficazes de comunicação como equipe. Dizemos que navegar submarinos é um esporte de equipe, mas, na prática, frequentemente acaba sendo um punhado de indivíduos, cada um trabalhando em sua própria concha, em vez de em colaboração intensa.

Dessa forma, para cometer a menor quantidade de erros quando relatamos as coisas, falamos o mínimo possível. Esse é um problema que há em toda a força submarina, e trabalhamos duro para encorajar toda a tripulação a dizer o que viam, pensavam, acreditavam, duvidavam, temiam, se preocupavam e esperavam para o futuro. Em outras palavras, todas as coisas que não aparecem no *Manual de comunicações interiores*. Nós nos demos conta de que não tínhamos nem sequer uma linguagem para expressar incerteza, e precisávamos construí-la.

PENSAR EM VOZ ALTA também funciona como mecanismo de CLAREZA ORGANIZACIONAL. Se tudo o que você precisa que as pessoas façam é seguir ordens, não importa se elas entendem o que você está tentando alcançar. Mas operamos em um mundo altamente complexo, com a volatilidade de um ambiente em constante mudança e a oposição de um inimigo aplicado e paciente. Não é suficiente apontar para a carta e esperar que as coisas se saiam bem.

Quando eu, como capitão, "pensasse em voz alta", em essência, transmitiria um contexto e uma experiência importantes para meus subordinados. Estaria também demonstrando que falta de certeza é força, e certeza é arrogância.

### QUESTÕES A CONSIDERAR

- Você já andou pela sua organização prestando atenção somente no que está sendo comunicado por meio da linguagem informal?
- Quão confortáveis as pessoas em sua organização estão em relação a falar sobre suas intuições e seus pressentimentos?
- Como criar um ambiente no qual homens e mulheres expressem livremente suas incertezas e medos, assim como suas ideias inovadoras e expectativas?
- Você está disposto a deixar seu pessoal ver que falta de certeza é força e certeza é arrogância?
- Até que ponto a confiança é levada em conta nesses itens listados?

# 15

# "Temos um Problema"

Quem são os fiscais de sua empresa e como fazer melhor uso deles? Uma abordagem de como envolver organizações externas ajudou o *Santa Fe* a manter o controle sobre nosso destino.

### 29 de janeiro de 1999: No porto, Pearl Harbor (151 dias para o destacamento)

"Capitão, pretendo trazer energia de terra e desligar o reator."

"Muito bem, engenheiro." O Tenente-Comandante Rick Panlilio adotou rapidamente nossa abordagem do "Eu pretendo..." e estava indo muito bem. Quando a embarcação chegasse no porto, nos conectaríamos à energia de terra por meio de quatro cabos enormes, ligados a um reservatório do píer que fornecia eletricidade em 440v. Então, poderíamos desligar o reator.

Para uma execução segura desse e de muitos outros eventos programados, colocamos etiquetas vermelhas indicadoras de perigo em disjuntores, válvulas ou interruptores que, se operados durante o procedimento, poderiam colocar alguma vida em perigo.

Essas etiquetas eram consideradas invioláveis, e qualquer violação do sistema é duramente analisada.

As etiquetas seriam colocadas antes, de forma que, enquanto a tripulação estivesse conectando os quatro cabos, eles não seriam inadvertidamente energizados. Seria um risco de choque elétrico para o pessoal, assim como havia o risco de danificar algum equipamento, pois os sistemas elétricos do submarino e do píer tinham de estar totalmente sincronizados antes de serem conectados. Essa era uma rotina comum, algo que fazíamos sempre que o *Santa Fe* voltava do mar.

Eu estava andando pelo submarino, agradecendo à tripulação pelo seu trabalho dedicado na inspeção. Tinha sido um grande estímulo termos nos saído tão bem, e a autoestima, até o momento, estava alta. Assim que vi Rick, soube que algo estava errado. O engenheiro se aproximava com uma expressão pesada no rosto.

"Tivemos um problema com a energia de terra. Violamos uma etiqueta vermelha."

Uh! Meu coração parou. Qualquer coisa menos a energia de terra, pensei. O *Santa Fe* estava sendo examinado por erros anteriores de manutenção e procedimento, alguns dos quais relacionados à energia de terra. Problemas reincidentes com energia de terra poderiam indicar que não havíamos melhorado práticas deficientes anteriores.

Nesse caso, um marinheiro havia energizado disjuntores no píer depois que as condições de energização foram atendidas (então não havia risco), mas não tirou a etiqueta vermelha antes de fazê-lo (o que indica que tivemos sorte). Não é nada bom estar seguro por acaso.

Enquanto eu prestava contas direta e imediatamente à Esquadra de Submarinos Sete e ao Comodoro Mark Kenny pelo desempenho do *Santa Fe*, também prestava contas aos Reatores Navais pela operação segura do reator. Os Reatores Navais são uma organização montada pelo Almirante Hyman Rickover para construir, manter, gerenciar, provisionar pessoal e certificar operações navais nucleares. Tem um histórico incrível de sucesso resultante de processos gerenciais bem elaborados. Uma das razões para o sucesso é que cada porto tem uma equipe independente dos Reatores Navais, que se reporta por meio de uma cadeia de comando especial diretamente ao diretor, um almirante de quatro estrelas.

Para entender sua importância, lembre-se do escândalo Enron–Arthur Andersen. Quando a Enron implodiu em 2001, Arthur Andersen, o auditor, ganhava 25 milhões de dólares anualmente em honorários de auditoria e outros 25 milhões em honorários de consultoria. Eram inspetores e executores. O instinto humano atrapalha uma inspeção e execução adequadas quando um indivíduo ou grupo também é responsável por corrigir as deficiências na execução. Os representantes locais dos Reatores Navais estão estruturados de tal forma que torna esses conflitos de interesse impossíveis. Sua missão é garantir operações seguras do reator e ponto final. São livres do peso de se preocupar sobre como as coisas são difíceis, qual efeito outro treinamento no sábado terá na retenção ou como uma partida postergada impactará o comandante operacional. Essa independência frequentemente piora a situação de condutores de embarcações como eu, pois os Reatores Navais parecem ser obstrucionistas, mas eles têm um papel criticamente importante. É uma das razões para o sucesso de longo prazo do programa.

Ninguém se feriu. Mesmo assim, o engenheiro disse que reportaria o problema cadeia acima, tanto para a Esquadra Sete quanto para os Reatores Navais. Uh! de novo. Havia orientação sobre qual tipo de problema deveria ser reportado para qual organização. Essa parecia ficar na fronteira, e caí na tentação de tentar resolvê-lo "em casa". Por que precisávamos de toda essa atenção de fora logo agora que as coisas estavam começando a dar certo? Meus instintos eram, de alguma forma, proteger meu pessoal da verificação dessas organizações externas. Poderíamos não ter reportado; eles provavelmente nunca tomariam conhecimento. Por outro lado, reportá-lo traria vigilâncias adicionais, possivelmente relatórios adicionais periódicos e pontuais, ceticismo sobre a competência da liderança do *Santa Fe* e bastante tempo de gerenciamento.

Rick estava inflexível, e estava certo. Agendamos uma revisão para o dia seguinte, sábado, e ele ligou para seus colegas da Esquadra Sete e do escritório dos Reatores Navais e os convidou para a revisão. Liguei para o Comodoro Kenny e contei a ele também. Lutei contra todas as ideias de tentar deixar nosso problema escorregar e acolhi abertamente as organizações de supervisão em nossa tenda.

Chamamos essa ideia de sermos abertos e acolher crítica externa de "Aceitar os inspetores".

De qualquer forma, sábado seria um longo dia.

### Mecanismo: Aceitar os Inspetores

Aplicamos o "Aceitar os inspetores" não somente para críticas pontuais e problemas como o incidente com a energia de terra, mas também para inspeções completas. Utilizaríamos os inspetores para disseminar nossas ideias pela esquadra, para aprender com os outros e para documentar os problemas que precisavam ser resolvidos no submarino.

Esse mecanismo envia o sinal de que temos o controle de nosso destino e não somos controlados por alguma força. Vai contra os instintos expressados por muitos de meus oficiais e chefes para minimizar a visibilidade da embarcação para o mundo exterior, especialmente quando havia problemas envolvidos. ACEITAR OS INSPETORES é um mecanismo de CONTROLE organizacional. Em outras palavras, a tripulação do *Santa Fe* é responsável pelo *Santa Fe*. Descobrimos que precisávamos desse paralelismo com o controle interno. Depois distribuiríamos camisetas com a frase que dizia de forma bem-humorada: "NÃO SEJA UMA VÍTIMA."

Em relação às áreas em que estávamos fazendo algo excepcionalmente inovador ou com excelência, víamos os inspetores como defensores com os quais compartilhávamos nossas boas práticas. Sobre as áreas nas quais estávamos deficientes e precisávamos de ajuda, os víamos como fontes de informação e soluções. Isso criou uma atmosfera de aprendizado e curiosidade entre a tripulação, ao contrário de uma atitude defensiva.

Um tempo depois, em meu comando, o *Santa Fe* passou por uma inspeção de materiais por um grupo de oficiais da INSURV — Board of Inspection and Survey [Comissão de Inspeção e Pesquisa, em tradução livre]. Seus relatórios têm peso significativo e expõem a força submarina para observadores "grandes na Marinha". Oficiais perderam seus comandos depois de inspeções da INSURV com maus resultados. Quando sua equipe se identificava em nosso submarino, eu entregava a eles uma lista das deficiências conhecidas. Eram coisas tão fundamentais para projetar ou tão difíceis de consertar, que não tínhamos obtido sucesso. Por tê-las documentadas em um relatório da INSURV, garantíamos que a Marinha aplicaria recursos para corrigir os problemas, fazendo, assim, com que todos os submarinos fossem embarcações de guerra mais eficientes.

Aceitar os inspetores acabou se tornando um veículo incrivelmente poderoso para o aprendizado. Sempre que uma equipe de inspeção estava a bordo, ouvia membros da tripulação dizendo coisas como: "Tenho tido problemas com isto. O que você tem visto outras embarcações fazerem para solucioná-lo?" A maioria das equipes de inspeção achou essa atitude marcante.

Como resultado, o *Santa Fe* estava recebendo notas superiores nas inspeções. Com o passar do tempo, nossos marinheiros aprenderam muito e se tornaram incrivelmente bons em seus trabalhos, e também continuaram a evidenciar um apetite por aprender.

Aceitar os inspetores pode ser visto como um mecanismo para melhorar a competência, mas acho que se encaixa ainda melhor na discussão sobre controle, pois nos permitiu não somente ser melhores tripulantes de submarino, como também manter controle sobre nosso destino.

## QUESTÕES A CONSIDERAR

- Como se beneficiar de grupos externos, do público, de comentários de mídia social e auditorias governamentais para melhorar sua organização?
- Quais os custos e os benefícios de ser aberto sobre os problemas em sua organização?
- Como alavancar o conhecimento desses inspetores para tornar sua equipe mais perspicaz?
- Como melhorar a cooperação de sua equipe com esses inspetores?
- Como "usar" os inspetores para ajudar sua organização?

# PARTE III

# COMPETÊNCIA

Um dos dois pilares que suportam o controle é a competência. Competência significa que as pessoas são tecnicamente capazes de tomar as decisões que tomam. Em um submarino, isso significa ter conhecimento técnico específico em física, eletricidade, propagação do som na água, metalurgia, e assim por diante.

A ênfase do livro até este ponto tem sido na delegação da tomada de decisão e no controle para níveis mais baixos da organização. Descobrimos, entretanto, que o controle em si mesmo não era suficiente. Os capítulos desta parte focarão os mecanismos que empregamos para fortalecer a competência técnica. São eles:

- Aja de forma consciente;
- Aprendemos (em todos os lugares, a todo momento);
- Não instrua, certifique;
- Repita a mensagem contínua e consistentemente;
- Especifique os objetivos, não os métodos.

# 16

# "Erros Acontecem!"

Você se contenta com a justificativa "Bem, erros acontecem" quando se trata de gerenciar seu negócio? Nós rejeitamos a inevitabilidade dos erros e criamos uma forma de reduzi-los.

### 30 de janeiro de 1999: No porto, Pearl Harbor
### (150 dias para o destacamento)

Era sábado de manhã, e o refeitório dos oficiais do USS *Santa Fe* estava lotado. O suboficial que havia causado a violação de etiqueta vermelha, membros de nossa equipe de vigilância, o oficial de engenharia da vigilância, o engenheiro (Tenente-Comandante Rick Panlilio), o oficial executivo, o oficial de divisão, o chefe da embarcação e chefe nuclear sênior (Chefe Brad Jensen) estavam sentados ao redor da mesa. Além deles, tínhamos os observadores da Esquadra Sete e dos Reatores Navais.

Sentei-me à cabeceira da mesa com a lanterna a minha frente, pensando em como abordar essa revisão. Não seria bom o suficiente ter um grupo de pessoas empoderadas; precisávamos realmente ser melhores.

O suboficial envolvido era um marinheiro bem-intencionado que nunca havia se metido em confusão.

Fui compreensivo com a equipe que trabalhou duro nas duas semanas anteriores para garantir que o submarino estivesse pronto para navegar, conduziu nosso treinamento, recebeu a inspeção e acomodou todas as mudanças. Isso é algo pelo qual eu lutaria durante todo o tempo em que estivesse no comando — equilibrar a coragem de responsabilizar as pessoas por suas ações e minha compaixão por seus esforços sinceros. Precisávamos entender o que havia acontecido, e eu não queria ir pelo caminho mais fácil e culpar o suboficial que havia errado em mover a etiqueta.

Uma medida de disciplina em uma unidade militar é a quantidade de casos de *capitain's mast*. Também conhecido como punição não judicial (PNJ), é uma forma de justiça militar que permite que o capitão recorra a uma punição quase que imediata sem o julgamento de um tribunal militar. As punições são classificadas como administrativas e são limitadas geralmente à perda de pagamento, redução na hierarquia ou restrição à embarcação. O *Santa Fe* tinha registro de alguns desses casos por mês, o que já era bastante.

Era amplamente aceito que, se houvesse uma violação de etiqueta vermelha, o envolvido seria julgado pelo capitão. A ideia era comunicar que esse era um assunto importante e ao qual se deveria prestar atenção. Se por um lado era verdade, não acredito que isso deveria ser automático.

Eventualmente, meus chefes de departamento e chefes conduziriam revisões, mas esta eu precisava liderar. Quando abri a reunião, ninguém — muito menos eu — esperava ficar lá por oito horas.

"Deixe-me iniciar dando as boas-vindas aos representantes da esquadra e dos Reatores Navais."

Vários documentos estavam na mesa à nossa frente: o procedimento, um documento de vigilância e as próprias etiquetas, entre outras coisas. Um tempo depois, durante meu comando, chegamos a uma abordagem bem mais aperfeiçoada para conduzir essas revisões, mas neste momento foi um pouco pontual. Desenvolvemos a metodologia à medida que fazíamos as coisas. (Para ver aonde chegamos, e para um processo mais detalhado de como conduzir revisões, visite davidmarquet.com para ler "Como aprendemos com nossos erros em submarinos nucleares: Um processo de sete passos.")

Abri os trabalhos.

"Suboficial M, pode me dizer o que aconteceu?"

"Bem, eu sabia que tínhamos atendido às condições para desligar o disjuntor e achei que era o passo seguinte no procedimento. Tínhamos o procedimento conosco e havíamos revisado. Sabia que as etiquetas vermelhas estavam colocadas, mas somente as movi para o lado para desligar o disjuntor. Não sei no que eu estava pensando."

Suspiros.

"Você moveu uma etiqueta vermelha para o lado?"

"Sim, ela estava bem em frente ao disjuntor. Havia uma em cada um dos três disjuntores do píer, as três sobre eles, bem ali."

Cochichos.

Estou certo de que ele pensava que seria julgado e penalizado. Apesar disso, ele estava disposto a contar a verdade de maneira franca, sem nenhuma tentativa de ofuscar os fatos. Isso tinha de ser recompensado.

"Muito obrigado por sua sinceridade. Você e o restante da equipe de vigilância podem ir para casa. Os supervisores permanecem."

Isso causou um agito. O quê, nenhuma repreensão? Nenhuma penalidade? Nenhum grito?

Estava assumindo um risco. Se descobríssemos depois que as ações de alguém fossem suficientemente negligentes para garantir punição, eu teria me colocado em uma situação difícil. Entretanto, senti que a franqueza e honestidade do Suboficial M eram mais importantes do que continuar aquele processo de inquisição, medo e punição.

"Agora, senhores, como evitaremos que isso aconteça de novo?"

E foi sobre isso que discutimos durante as sete horas e meia seguintes.

### Mecanismo: Aja de Forma Consciente

Passamos por todas as suspeitas usuais. Primeiro, foi sugerido que fizéssemos um treinamento de recapitulação, uma solução normalmente proposta.

"Deixe-me perguntar uma coisa. O treinamento presume uma falta de conhecimento. Isso pode ser identificado com um teste. Então, que pergunta de um teste vocês acham que alguns desses caras teriam errado?" Não conseguiram pensar em nenhuma. Não era falta de conhecimento, e treinamento não era a solução.

"Precisamos de mais supervisão." Essa é outra solução comum, como incluir o oficial executivo no processo de revisão da carta. Discutimos o que um supervisor faria, onde ficaria e como poderíamos ter prevenido esse erro. Com relutância, concordaram que adicionar um supervisor poderia ter evitado o desligamento do segundo e terceiro disjuntores, mas não o primeiro. De qualquer forma, já tínhamos supervisão significativa para esse evento com o chefe no comando, o oficial de vigilância, o oficial da divisão elétrica e o engenheiro. Se todos esses supervisores não tinham evitado o ocorrido, como adicionar mais um poderia ajudar? Ninguém conseguiu pensar em um mecanismo no qual um supervisor adicional teria evitado o erro.

Pressionei a equipe a trazer algo que pudesse ter evitado o erro em primeiro lugar. Impacientes com minha indisposição em aceitar quaisquer uma das respostas-padrão, alguém desabafou: "Capitão, erros acontecem!"

Agora estávamos chegando em algum lugar. Discutimos o que seria necessário para reduzir erros cometidos no nível do convés e na interação entre os operadores e os equipamentos, e não simplesmente como descobri-los depois. Erros tais como girar a válvula errada, armar o disjuntor errado e mover etiquetas vermelhas — ações que ninguém quer fazer conscientemente.

"Senhor, é atenção aos detalhes." Essa era uma frase usada normalmente, mas dizer aos homens para prestarem mais atenção não parecia fazer diferença na quantidade de erros no longo prazo. Já havíamos tentado isso antes.

"Como?"

"Bem, ele estava fazendo as coisas automaticamente. Não conectou seu cérebro antes de fazer o que fez; estava somente executando um procedimento."

Achei que foi perspicaz. Discutimos um mecanismo para conectar o cérebro antes de agir. Decidimos que, quando se opera um submarino nuclear, queremos que as pessoas ajam de forma consciente, e decidimos chamar nosso mecanismo de "aja de forma consciente". Isso significava que, antes de agir, o operador faria uma pausa, verbalizaria e faria um gesto em direção ao que estava prestes a fazer, e somente depois de fazer uma pausa consciente ele executaria a ação. Nossa intenção era eliminar esses erros "automáticos", uma vez que o objetivo de "agir de forma consciente" era trazer consciência à mente do operador, não importava se houvesse alguém por perto ou não. Ações conscientes não são executadas para um observador ou inspetor. Não eram para ser mostradas.

Nosso mecanismo para evitar a reincidência do problema era implementar a tomada de ações conscientes a bordo do *Santa Fe*. Eu não tomaria nenhuma ação punitiva contra o suboficial honesto que havia movido a etiqueta vermelha para o lado. A Esquadra Sete e os observadores dos Reatores Navais voltariam e relatariam nosso plano a seus supervisores, e eles avaliariam o *Santa Fe* e a mim. Uma vez que a ação consciente parecia ser um conceito útil e eu era o novo capitão, pensei que suspenderiam o julgamento e simplesmente veriam como as coisas andariam. É o que eu estava bancando, a todo custo, pois precisávamos de mais tempo para implementar as mudanças que tornariam o submarino e sua tripulação excelentes.

Na segunda-feira, tivemos aquartelamento no píer para discutir o conceito de "agir de forma consciente" com a tripulação. Primeiro, expliquei o que havia acontecido com a etiqueta vermelha e a revisão do incidente, e então descrevi o que pensar de forma consciente queria dizer e por que iríamos fazê-lo. Apesar de não ter sido apresentado como uma troca, acredito que a tripulação, sabendo que seu colega havia sido poupado de penalidade, estava mais receptiva à alternativa — agir de forma consciente.

A ação consciente foi aceita muito prontamente pelo pessoal com treinamento nuclear, pois se baseava em um conceito ao qual eles eram expostos na escola nuclear chamado "apontar e atirar". Infelizmente, a ação consciente foi difícil de vender para o restante da tripulação, e no final pagaríamos por isso.

## Ação Consciente Não É Para Mostrar

Acredito que "agir de forma consciente" foi o mecanismo mais poderoso que implementamos para reduzir erros e tornar o *Santa Fe* operacionalmente excelente. Deu certo na interação entre homens e máquinas: onde os suboficiais mexiam em válvulas, bombas e chaves que faziam o submarino e seus sistemas de armas funcionarem. AJA DE FORMA CONSCIENTE é um mecanismo de COMPETÊNCIA. Mas convencer a tripulação do valor desse mecanismo foi muito difícil.

O primeiro problema em fazer com que a tripulação executasse suas tarefas de forma consciente foi a falsa percepção de que agir de forma consciente era para atender a outra pessoa (supervisores ou inspetores, por exemplo). Apesar de continuamente falarmos sobre como a ação consciente servia para fazer com que o indivíduo evitasse cometer erros bobos, escutava por acaso os marinheiros conversando entre si sob essa ótica equivocada.

O segundo problema foi superar a percepção de que agir com consciência era algo que se fazia como um exercício de treinamento, mas em uma "situação real" você deveria fazer as coisas o mais rápido possível. Usei o seguinte exercício hipotético: suponha que estamos conduzindo uma simulação de treinamento ao redor de Pearl Harbor e a embarcação perca a propulsão devido a erros. O que acontece? Iríamos para a superfície e chamaríamos por ajuda, que está perto. Iríamos fazer uma revisão sobre o evento e redigir os relatórios apropriados. Ninguém morreria. O que aconteceria, entretanto, se perdêssemos toda a propulsão em uma "situação real", frente a frente com o inimigo, devido a erros? Nessa situação, pessoas poderiam morrer. A chave é que, à medida que a importância de fazer as coisas do jeito certo aumenta, também aumenta a necessidade de agir de forma consciente.

### Como Você Pode Implementar a Ação de Forma Consciente?

Se você está em um negócio em que há interação entre humanos e a natureza, o conceito de agir de forma consciente é bem claro. Equipamentos elétricos, linhas aéreas e marítimas, fábricas e hospitais são exemplos. Nesses tipos de organizações, pode-se ver imediatamente como a ação consciente pode ajudar a reduzir erros. O desafio ocorrerá quando as coisas estiverem acontecendo de forma acelerada ou precisarem acontecer rapidamente, como um acidente no gerador de energia ou procedimentos de pronto-socorro em um hospital. É ainda mais importante que as ações sejam executadas corretamente. Não há tempo para "desfazer" algo que estiver errado.

Se seu negócio não tiver uma interação óbvia com a natureza e for mais ligado à prestação de serviços ou de produção intelectual, agir de forma consciente ainda se aplica, mas de um jeito um pouco diferente. Isso se aplica no momento em que alguém assina um formulário, autoriza uma ação ou pressiona uma tecla.

Não tínhamos percebido isso até então, mas notamos que agir de forma consciente tinha dois grandes benefícios além de reduzir erros. Ou melhor, como mecanismo de reduzir erros, ele funcionava de duas formas adicionais.

Primeiro, em situações de equipe, quando os operadores paravam, verbalizavam e gesticulavam, isso permitia que os outros que estavam perto se aproximassem e corrigissem ações equivocadas antes que fossem tomadas. Quando cheguei no *Santa Fe*, muitos operadores achavam que era uma demonstração de habilidade fazer as coisas o mais rápido possível, e tivemos que mudar isso. Por exemplo, o operador do reator em um turno de bomba poderia dizer "Mudando bomba refrigeradora do reator número um para modo rápido", e mudaria a chave ao mesmo tempo em que dizia *rápido*. Infelizmente, se ele acidentalmente estivesse com a mão na chave da bomba número dois, seria muito tarde para impedi-lo, e a bomba errada seria ativada. Ao exercitar a precaução e a consciência, a pausa antes de iniciar a bomba permitiria ao operador próximo a ele impedi-lo ou que ele reconhecesse o erro por conta própria.

Além disso, quando fazíamos simulações, posicionávamos monitores cuja função era intervir para prevenir uma ação indevida. O monitor da simulação tinha uma visão global do exercício e sabia que ações seriam admissíveis e quais não seriam. Se o operador tendesse a executar a ação inapropriada, intencionalmente ou não, o monitor o impediria. Infelizmente, com os operadores se movendo rapidamente, os monitores com frequência só registravam erros depois que ocorriam, pois não tinham chance de intervir. Isso era especialmente verdadeiro se o operador anunciasse a operação correta, mas ficasse confuso sob o estresse de tentar responder de forma adequada a um incidente e fisicamente operasse a chave, o disjuntor ou a válvula errada.

Tempos depois, quando o *Santa Fe* conquistou a nota mais alta já vista em nossas inspeções de operações de reator, o inspetor sênior me disse: "Seu pessoal cometeu os mesmos erros — não, seu pessoal *tentou* cometer a mesma quantidade de erros —, como todo mundo. Mas os erros não foram cometidos por causa da ação consciente. Ou foram corrigidos pelo próprio operador ou por um colega da equipe."

Ele descreveu uma organização resiliente, em que a propagação de erros é contida.

Depois expandimos a ação de forma consciente para o trabalho com a papelada administrativa. Quando documentos eram assinados sem cuidado, aplicávamos o conceito no ato (principalmente para os oficiais) de assinar papéis e autorizar eventos.

Muitas pessoas falam sobre trabalho em equipe, mas não desenvolvem mecanismos que realmente o implementem. Agir de forma consciente certamente é um deles.

Se sua empresa está operando uma usina de energia ou fabricando ferramentas, é fácil de se ver como é possível aplicar o conceito da ação consciente. Mas e se você negocia títulos, opera um hospital ou está no setor de serviços?

Penso que agir de forma consciente ainda se aplica. Em ações mais administrativas, aplicamos o conceito ao momento da assinatura de formulários que autorizavam uma ação. Queríamos que a assinatura fosse consciente. Recentemente, o caso de assinaturas sem atenção em execuções hipotecárias demonstra um excelente contraexemplo, mas, mesmo em casos normais, vi onde grandes volumes de papelada administrativa são simplesmente assinados sem muita crítica. Feita de forma generalizada, essa prática eventualmente trará problemas.

## QUESTÕES A CONSIDERAR

- Como reagir quando um funcionário admite que está fazendo algo no piloto automático, sem pensar de forma consciente sobre a ação ou suas consequências?
- Considera que implementar um sistema de agir de forma consciente pode lhe ajudar a eliminar erros em sua empresa, ou em alguns departamentos de sua empresa?
- Seus funcionários voltarão a agir de forma apressada e automática em uma situação real?
- Quão efetivamente você aprende com os erros?

# "Aprendemos"

Você tentou diminuir o controle sem garantir antes que sua organização tivesse competência para lidar com maior autoridade decisória? Aprendi da forma mais difícil que controle sem competência é sinônimo de caos.

### 13 de fevereiro de 1999: Zona residencial de Makalapa, Pearl Harbor, Havaí
### (136 dias para o destacamento)

Eu acabava de voltar de uma corrida pela zona residencial de Makalapa, onde eu morava em Pearl Harbor, divagando sobre meu primeiro mês no comando, quando tive uma visão. Estava pensando sobre um problema que tivemos logo depois do incidente com a energia de terra. Desta vez, o problema ocorreu na sala de torpedos. Uma operação inadequada de válvula desativou o acionamento hidráulico de um mecanismo de manipulação de torpedos, o que fez com que ele saísse de sua posição. Se, por um lado, a ação consciente poderia ter ajudado, o problema aqui estava mais relacionado à competência técnica. O pessoal que estava fazendo o trabalho simplesmente não entendia as interconexões e respostas necessárias do sistema.

Ao contrário do problema com a energia de terra, era difícil de entender o que de fato aconteceu na sala dos torpedos. Como era um problema do departamento de armas, o Tenente Dave Adams tinha a responsabilidade de entender a situação. Juntamos históricos, procedimentos e registros. Conversamos com os envolvidos. Quem havia dado quais ordens? Que procedimento você estava seguindo? Quem era o supervisor responsável pelo manuseio de armas convencionais necessário para esse evento? As respostas eram vagas e evasivas. Além disso, quando Dave testou o nível de conhecimento com perguntas como "O que acontece se você gira esta válvula com esta parte do sistema despressurizada?", ninguém se saiu bem.

Depois que o problema aconteceu, eu não tinha mais certeza de que estávamos no caminho certo. Fui me encontrar com o Comodoro Mark Kenny.

"Estou questionando minha abordagem", comecei. "As coisas não parecem muito melhor, nem na velocidade necessária. Bem quando pensei que as coisas caminhavam na direção certa, algo assim acontece."

"Olhe, não estou surpreso. Esperava que as coisas piorassem antes de melhorarem. Neste momento você tem espaço para fazer as mudanças que está fazendo. Manterei todos longe de você. Preocupe-se somente comigo, e acredito que você está no caminho certo", o comodoro me garantiu. Fiquei feliz, pois nem todos na zona portuária estavam torcendo por nós. Havia 20 submarinos atracados em Pearl Harbor, e embora alguns desses capitães estivessem começando a aparecer para conhecer o que estávamos fazendo, havia um boato de que outro grupo ficaria mais feliz se nosso pequeno experimento simplesmente fracassasse.

Tomamos ações que delegavam a autoridade para níveis mais baixos na cadeia de comando, o que empoderou os oficiais, os chefes e a tripulação, mas a visão que tive foi a de que, à medida que a autoridade é delegada, o conhecimento técnico em todos os níveis ganha uma importância ainda maior. Há uma pressão maior pela competência técnica.

Se tudo o que você precisa fazer é o que dizem para você fazer, então você não precisa entender seu trabalho. Entretanto, à medida que sua habilidade para tomar decisões aumenta, também aumenta sua necessidade de conhecimento técnico específico para embasá-las. As leis da natureza governam um submarino, e essas leis são implacáveis. Com a física não se tem problemas, somente as consequências de suas ações. Elas se tornam problemas quando decidimos que o que aconteceu não era o que queríamos que acontecesse.

Seria difícil. Teríamos de treinar nosso pessoal em um nível mais elevado de competência técnica se quiséssemos dar a eles mais autoridade. Fundamentalmente, acho que foi onde falhei no *Will Rogers*. Tentei delegar a autoridade e o controle, mas a competência técnica do departamento de engenharia, que estava acostumado a receber orientações específicas, tinha atrofiado. Ela não estava à altura das tomadas de decisão que eu estava passando para eles. Presumi o nível de competência técnica necessário e não dei os passos necessários. Controle sem competência é caos.

Em momentos como esse, eu sentia um impulso de jogar tudo para o alto, achando que não valia o esforço, e simplesmente voltar para o modelo líder-seguidor. Isso teria poupado bastante tempo e confusão com treinamento. Por outro lado, com o suporte do Comodoro Kenny, eu estava determinado a persistir. Decidi dobrar nossos esforços.

Esse processo de reflexão me ajudou com outro projeto no qual estávamos trabalhando: codificar nossos princípios centrais em um lema e conjunto de princípios de comando. Para definir nosso lema, eu queria algo tão básico, que fosse aplicável diariamente a todos os membros da tripulação.

Durante as discussões com os oficiais e chefes, discutimos sobre o que fazíamos. Suas respostas foram muito vagas no começo:

- Supervisionamos;
- Implementamos padrões;
- Programamos atividades;
- Nos preparamos para a guerra.

Tentamos ser mais específicos, mas, então, suas respostas foram muito detalhadas:

- Operamos sistemas do submarino e nos preparamos para entrar em operações de combate, se convocados para tal;
- Andamos pelo submarino e observamos o desempenho dos sistemas e as operações do pessoal;
- Tomamos decisões sobre como fazer o melhor uso do *Santa Fe*;
- Carregamos torpedos, determinamos a localização do inimigo e programamos os torpedos para atacá-lo.

Conversamos novamente sobre isso. Com a perspectiva da necessidade de aumentar a competência técnica em mente, pensamos sobre o simples fato de que "aprendemos", e foi o que adotamos. Era algo que todos os membros da tripulação faziam todos os dias. Parecia ser o elemento básico que unificava todas nossas ações.

Não importa o que estivéssemos fazendo, pensaríamos em uma forma de extrair o máximo de aprendizado daquele evento. Nossa filosofia era a de que não tínhamos tempo para marcar uma série de palestras, mas o submarino nos dava diariamente centenas de oportunidades de aprendizado. Uma vez que começássemos a procurá-las, as encontraríamos em todos os lugares.

Chegamos a codificar a filosofia do "aprendemos" com uma frase de nosso lema.

### Lema do USS *Santa Fe*

**O que fazemos diariamente?**
Aprendemos.

**Por que "aprendizado" é uma palavra melhor que "treinamento"?**
Treinamento supõe passividade; estamos cansados disso. Somos treinados; participamos de treinamentos. Aprendizado é ativo; é algo que fazemos.

**O que aprendemos?**
Aprendemos a preparar um submarino para o sucesso em combate.

**Por que precisamos ir ao combate?**
Precisamos ir ao combate se convocados por nosso país para defender a Constituição dos Estados Unidos.

**Por que isso é importante?**
A liberdade pessoal, o bem-estar e a prosperidade econômica que desfrutamos nos Estados Unidos são únicas na história da humanidade. A vida do ser humano tem geralmente sido curta, dura e bruta. O sistema democrático que temos e a importância dos direitos individuais especificados pela Constituição são as razões para nossa prosperidade física e emocional. É um documento importante, digno de ser defendido. Você não está sozinho ao decidir isso, pois muitos morreram defendendo a Constituição antes de você.

**Por que submarinos?**

Submarinos podem realizar missões específicas, que nenhuma outra plataforma conseguiria. A força submarina norte-americana tem uma enorme herança de defesa da democracia. Por exemplo, durante a Segunda Guerra Mundial, a força submarina, mesmo sendo somente 2% da Marinha, foi responsável por aproximadamente 50% de todas as embarcações japonesas afundadas. Essa foi uma contribuição crítica para a vitória naquela guerra.

**Se tudo o que fazemos é aprender, como o trabalho é feito?**

Trabalhamos. Mas aprendemos fazendo — manutenção, eventos programados, simulações de acidentes e estudando. Então, quando trabalhamos, mesmo fazendo a limpeza geral, aprendemos.

**Parece um jogo de palavras; continuamos fazendo as mesmas coisas, só as estamos chamando de um jeito diferente.**

Sim e não. Sim, no sentido de que continuaremos a manter a embarcação limpa, realizaremos simulações, manutenções, qualificações e uma infinidade de outras atividades que tomam nosso tempo. Não, no sentido de que a forma de encararmos as coisas faz a diferença. Em vez de olhar para uma atividade simplesmente como uma tarefa, olhe para ela como uma oportunidade de aprender mais sobre aquela parte do equipamento, sobre os procedimentos ou, se não for nada disso, sobre como delegar ou concluir tarefas.

**Como o programa de treinamento se encaixa nisso?**

O programa de treinamento é uma parte do processo de aprendizado, mas de forma alguma é tudo. Treinamento é um subconjunto do aprendizado, que, por sua vez, é um subconjunto do crescimento pessoal. Nós nos empenhamos em crescer todos os dias.

**Portanto, a visão do nosso comando é a de uma fábrica de aprendizado e competência.**

As matérias-primas são o pessoal novo que se apresenta a cada semana, novos equipamentos e táticas. Os produtos são marinheiros bem qualificados e experientes que, depois de deixarem o comando, levam sua competência para a Marinha. Cada um de vocês, então, é tanto um produto da fábrica (quando você aprende) quanto uma máquina da fábrica (quando você ajuda outros a aprenderem).

**O que você espera que eu faça?**

Espero que você aprenda a ser um tripulante de submarino melhor a cada dia. Desafio você a ver cada dia de limpeza geral, ação de manutenção, simulação, vigilância, missão e destacamento como uma oportunidade para aprender mais e, assim, crescer como pessoa.

### Mecanismo: Aprendemos
### (Em Todos os Lugares, a Todo Momento)

Comecei a olhar para nosso programa de treinamento sob uma nova ótica. Não era um programa administrativo e não era um programa para minimizar erros. Pelo contrário, era um fator essencial que nos permitia delegar a autoridade pela tomada de decisões para níveis cada vez mais baixos na estrutura do *Santa Fe*.

Você quer ter um programa de treinamento do qual os funcionários queiram participar? Eis como ele deve funcionar:

- O propósito do treinamento é aumentar a competência técnica;
- O resultado de maior competência técnica é o aumento da habilidade em delegar a tomada de decisão para os funcionários;
- O aumento da tomada de decisão pelos funcionários naturalmente gerará maior engajamento, motivação e iniciativa.

Como resultado, você terá maior produtividade, motivação e eficácia.

### Diminua o Controle, Aumente a Competência

Eis algo para experimentar em sua próxima reunião de liderança ou reunião corporativa fora do escritório.

1. Distribua alguns cartões 4x6 e alguns marcadores;
2. Comece com este exercício de completar a frase: Nossa empresa seria mais eficaz se a gerência [nível] pudesse tomar decisões sobre [assunto].

Você especificará o nível gerencial, mas pedirá ao grupo para preencher os assuntos;
3. Depois que tiver os cartões preenchidos, fixe-os na parede e faça um intervalo. Deixe as pessoas circularem e olharem o que escreveram;
4. Diminua a lista para alguns poucos assuntos;
5. Faça esta pergunta: O que, tecnicamente, as pessoas neste nível gerencial precisam saber para poder tomar essa decisão?
6. Mais uma vez, peça para responderem nos cartões e colocarem na parede, e faça outra pausa.

Agora, você terá uma lista relevante de tópicos para treinamento e poderá conectá-los diretamente com mais tomada decisão e controle por parte dos funcionários — em uma palavra, empoderamento.

Quando você organizar o treinamento, lembre-se de comunicar o processo de reflexão para o grupo. Desta forma, saberão por que participarão do treinamento e terão vontade de ir, pois saberão que é um caminho para terem mais autoridade na tomada de decisões.

O "APRENDEMOS" (EM TODOS OS LUGARES, A TODO MOMENTO) é um mecanismo para COMPETÊNCIA.

Descobri que o "aprendemos" também contribuiu para meu equilíbrio mental, assim como para minha perspectiva. No passado, eu ficava ao mesmo tempo apreensivo e tenso antes de uma inspeção. Ficava preocupado sobre como o submarino se sairia e como seria o desempenho de nossas equipes de vigilância. Eu me preocupava com as notas, a reputação do submarino e o constrangimento potencial para mim, profissionalmente. Talvez o fato de minha carreira ter quase terminado por causa de minha experiência no *Will Rogers* tenha sido o que me deixou tenso.

Em qualquer evento, com a ideia do aprendizado em mente, me encontrei num estado de calma e até mesmo entusiasmado, à medida que pensava em tudo o que eu e minha tripulação aprenderíamos nos três dias com uma equipe de especialistas a bordo. Minha tripulação sentia isso em mim e refletia a mesma atitude. As equipes de inspeção invariavelmente comentavam sobre o entusiasmo de minha tripulação em aprender, e não tenho dúvidas de que a seriedade da tripulação fez com que uma das notas que estavam no limite tenha saído como esperamos.

## QUESTÕES A CONSIDERAR

- Existe consciência de quais áreas em seu negócio estão prejudicadas por erros relacionados ao fato de os funcionários de nível mais baixo não terem competência técnica suficiente para tomar boas decisões?
- Como implementar uma política de "aprendemos" entre seus funcionários júnior e sênior?
- Você consideraria escrever um lema para sua organização com base no que escrevemos para o *Santa Fe*?
- As pessoas estão entusiasmadas para participar de treinamentos?

… 18 …

# Navegando para San Diego

Como fazer com que as pessoas pensem "no próximo nível"? Descobrimos que teríamos de mudar uma prática fundamental que estava inibindo isso.

### 22 de fevereiro de 1999: Pearl Harbor, Havaí
### (127 dias para o destacamento)

"Capitão, pretendo iniciar a navegação. Todos os departamentos relataram estar prontos, o rebocador está preparado e temos permissão da operação portuária."

"Muito bem."

"Soltar todos os cabos."

Na ponte, o Tenente Dave Adams orientava um recruta que estava pilotando o submarino pela primeira vez. Havíamos terminado o período de manutenção de conservação e nos preparávamos para viajar até San Diego para vários exercícios com a Esquadra USS *Constellation*. Eu estava no comando há 45 dias. Em quatro meses, iríamos para o destacamento junto com essa mesma esquadra de porta-aviões. O trânsito e os exercícios no mar nos dariam uma oportunidade de boas-vindas para trabalhar nossas habilidades operacionais e de combate. O tempo no mar seria inestimável para transformar a tripulação em uma equipe. A tripulação do *Santa Fe* poderia terminar de elaborar os princípios norteadores, que haviam atrasado porque eu quis que ela própria o desenvolvesse. Agora, teríamos a oportunidade.

A saída de Pearl Harbor foi ótima. Eu quase não disse uma palavra. Dave estava orientando o jovem oficial, e eu estava recebendo um fluxo quase contínuo de relatórios da equipe de navegação e do pessoal na ponte, situações, intenções e planos — todos verbalizando o pensamento.

"Atenção para marcar a curva, próximo curso à esquerda em 182."

"Virando em aproximadamente 30 segundos."

"Marcar a curva pelo radar."

"Parece adiantado para mim."

"Marcar a curva pelo visual."

"Timoneiro, leme 15 graus à esquerda, curso estável 182."

"Meu leme está 15 à esquerda."

"Leme à esquerda."

"Parece que a curva se atrasou um pouco."

"Timoneiro, aumente o leme para 20 à esquerda, estável 182."

Maravilhoso. A equipe estava se comunicando bem, de uma forma mutuamente confiante e sem julgamento.

Pearl Harbor é um ótimo lugar para se operar um submarino. Além de tempo bom e muita tradição e lendas sobre submarinos, logo após deixar a costa, já encontramos águas profundas. Na Costa Leste, os submarinos devem navegar na superfície por milhas até deixar a plataforma continental.

Ao *Santa Fe* foi designada a água ao redor do porto, e rapidamente estávamos no ponto de mergulho. Desci, e logo depois o oficial de convés, vigias e o oficial de navegação vieram, após prepararem a ponte para o mergulho.

Na sala de controle, os homens assumiam suas estações para submergir a embarcação. Estava levando um tempo irritantemente demorado. Submarinos nucleares passam tanto tempo submersos, que raramente praticam submersão. Tínhamos perdido foco em submergir e, de fato, sermos um submarino. Durante a Segunda Guerra Mundial, quando os submarinos passavam a maior parte do tempo na superfície, o mergulho rápido era questão de vida ou morte. Os homens conseguiam liberar a ponte, fechar a escotilha e submergir em 30 segundos. Submergir um submarino nuclear era algo muito mais sofisticado e levava vários minutos. Esse não era o problema, mas, sim, os preparativos para submergir. De novo, era mais uma evidência de que uma habilidade-chave de combate tinha se atrofiado.

Mais tarde, enquanto navegávamos, estabelecemos um objetivo de minimizar o tempo de soltar os cabos para ter o *Santa Fe* submerso e estabilizado a 45 metros de profundidade. Isso forçou a tripulação a pensar não em termos de eventos separados (navegação, vigília de manobra, mudar a vigília para baixo, submergir e alinhar a embarcação), com todas as mudanças de pessoal e equipamentos, mas a pensar em juntar todos esses eventos em um só. Quando desafiados dessa maneira, eles encontravam formas engenhosas para eliminar segundos e minutos das transições, o que tornou o *Santa Fe* uma embarcação de combate muito mais eficaz.

O oficial de mergulho em vigília anunciou que instruiria o mergulho. Estávamos sempre instruindo algo. Adoramos instruções nas forças armadas.

Ele abriu o Manual de Sistemas da Embarcação, onde estava o procedimento, e começou a ler. "Ao segundo toque do alarme de mergulho, o chefe de vigilância abrirá todas as válvulas."

"O timoneiro posicionará o leme a meio."

E seguiu falando em tom monótono.

Cinco minutos depois, perguntou se havia alguma dúvida.

Não havia.

O primeiro mergulho depois de um período extenso no porto aumentou meu nível de ansiedade por duas razões. A primeira era que a incerteza no alinhamento da embarcação é maior. Se trouxéssemos mais peso — como torpedos adicionais, equipamentos, mantimentos, água ou mesmo a própria tripulação — e isso não fosse contabilizado adequadamente, o submarino ficaria pesado e afundaria. Se estivesse mais leve do que esperávamos, abriríamos as válvulas e ficaríamos na superfície por algum tempo até que entrasse água suficiente para atingir a flutuação neutra.

A outra razão era que, durante o período no porto, enquanto todos estavam focados na manutenção, a tripulação se esquecia dos detalhes do procedimento de mergulho e submersão. Como todo mundo, achávamos que estávamos atendendo a essa necessidade ao instruir o procedimento.

E, porque precisávamos aproveitar todas as oportunidades para aprender, eu pretendia executar algumas simulações inesperadas de acidentes, incluindo simular que alguns medidores tinham falhado.

"Capitão, pretendo submergir a embarcação."

"Muito bem."

"Mergulho, submergir embarcação."

"Submergir embarcação. Mergulho, sim."

Bem, não preciso dizer que as coisas não se saíram bem. Devido a indicações inesperadas, a equipe se confundiu. As pessoas tomaram ações erradas inicialmente e demoraram para encontrar e corrigir a origem dos problemas.

Posteriormente, nos reunimos para uma análise do que havia acontecido, e simplesmente perguntei: "O que aconteceu? O chefe instruiu o procedimento." Minha lanterna apontava para um dos timoneiros, que não havia respondido de maneira correta quando simulamos uma falha em um indicador de profundidade.

"Capitão, ninguém presta atenção nessas instruções."

"Como assim?"

"Bem, você vem para a vigília, se senta na cadeira e, quando o chefe começa a ler o livro, você pensa 'já sei como fazer isso', então não presta muita atenção."

## Mecanismo: Não Instrua, Certifique

Aquilo descreveu um fenômeno que eu tinha visto muitas vezes. Uma instrução é uma atividade passiva para todos, exceto para o instrutor. Todos os outros "são instruídos". Não há responsabilidade de preparação ou estudo. É fácil simplesmente assentir com a cabeça e dizer "pronto", sem um comprometimento intelectual total. Além do mais, a única responsabilidade em participar de uma instrução é estar presente. Por fim, uma instrução, como tal, não é um ponto de decisão. A operação acontecerá, e simplesmente estamos falando sobre ela antes.

Decidimos acabar com as instruções. Daquele ponto em diante, faríamos certificações.

Uma certificação é diferente de uma instrução, pois nela o responsável pela equipe faz perguntas. Poderia ser o chefe no comando — como no caso que relato —, ou um cirurgião líder antes de uma cirurgia. No fim da certificação, é tomada a decisão sobre se a equipe está pronta ou não para executar a atividade prestes a se iniciar. Se a equipe não tivesse demonstrado o conhecimento necessário durante a certificação, a operação deveria ser postergada.

A primeira vez que experimentamos, os tripulantes em vigília não sabiam o que deveriam fazer. Não haviam estudado. Quando perguntei por que estavam despreparados, eles me disseram que não sabiam que iríamos submergir naquela vigília. Mais tarde, quando fiz a mesma pergunta a 20 tripulantes em vigília sobre um evento maior, como ligar o reator, a desculpa que um marinheiro deu foi a de que ele sabia que ligaríamos o reator, mas não sabia a qual estação de vigilância ele seria designado até o momento do evento.

O que aprendi com esses exemplos foi que instruir uma ação muitas vezes compensa um planejamento fraco e que a certificação, que resulta da abordagem líder-líder, dá mais trabalho para a gestão do que a abordagem líder-seguidor. Na certificação, os líderes precisam não somente identificar quais os próximos eventos a serem executados, como também o papel que cada membro da equipe desempenhará.

As certificações mudam o ônus da preparação para os participantes. Todos os participantes são ativos. A mudança de instruções passivas para certificações ativas mudou a atitude da tripulação. Descobrimos que quando as pessoas sabem que serão questionadas, estudam suas funções com antecedência. Isso aumenta significativamente o envolvimento intelectual da tripulação. As pessoas pensam sobre o que serão requisitadas a fazer e estudam de forma independente para isso.

## Pare de Instruir e Comece a Certificar em Seu Negócio

Sempre que tiver atividades de equipe focadas, sejam eles procedimentos cirúrgicos ou discursos de vendas, pense sobre a preparação.

As pessoas virão para ser "instruídas" ou estarão prontas para apresentar sua parte na atividade? Em organizações onde há muitas instruções, é necessário um trabalho extra inicialmente para mudar a mentalidade, mas você pode começar com algo tão simples como tarefas de ler a seguir ou pensar adiante, que as pessoas serão responsáveis por realizar.

A segunda coisa que faria uma grande diferença é simplesmente garantir que a equipe saiba que é uma reunião de decisão sobre se estão prontos para realizar o procedimento. Realmente, os custos de dizer "não estamos prontos" são altos, mas não tão altos quanto os custos de uma operação mal executada.

NÃO INSTRUA, CERTIFIQUE é um mecanismo para COMPETÊNCIA.

A certificação também é um ponto de decisão. É possível não passar em uma certificação. Indivíduos podem revelar que não estão preparados para participar de uma ação por causa de sua falta de conhecimento ou entendimento. De outra forma, seria só uma instrução.

"Não instrua, certifique" tornou-se outro exemplo em que fazíamos basicamente o contrário do que deveríamos fazer. Mais adiante, nos divertíamos quando os inspetores vinham para o submarino e diziam que queriam observar a instrução antes de um evento (como submergir) e eu dizia a eles que não fazíamos nenhuma instrução. Não eram necessárias. O que *era* necessário era que operássemos o submarino de forma segura e de acordo com os procedimentos. E nossas certificações faziam isso melhor do que qualquer instrução.

Não instrua, certifique, também se tornou muito poderoso, pois, em vez de uma pessoa estudar uma atividade e instruí-la para a equipe de vigilância, todo membro da tripulação ficou responsável por conhecer seu trabalho. Era um mecanismo que forçava o engajamento intelectual em todos os níveis na tripulação. Quando se andava pelo submarino, via-se o pessoal estudando. *Estudando!* Por conta própria! Mas somente se a gestão fizesse sua parte. Alguns chamam isso de sentimento de propriedade. Um termo gerencial atual é *engajamento dos funcionários.*

Uma pergunta eficaz para fazer a seus funcionários em uma pesquisa é quantos minutos por semana eles passam aprendendo por conta própria, não por imposição ou direcionamento. Tipicamente, é um número pequeno. Uma medida organizacional de melhoria da situação seria aumentar esse número. Se quer equipes engajadas, não instrua, certifique!

## QUESTÕES A CONSIDERAR

- Como passar a responsabilidade pelo desempenho do responsável pelas instruções para os participantes?
- Quanto as pessoas se preparam antes de uma atividade ou operação?
- Quando foi a última vez que você teve uma instrução em um projeto? Os ouvintes se desconectavam da leitura dos procedimentos?
- O que seria necessário para começar a certificar que suas equipes de projeto sabem quais são os objetivos e como podem contribuir para alcançá-los?
- Você está pronto para assumir mais responsabilidade dentro do modelo líder-líder para identificar quais serão as próximas atividades a serem realizadas e qual o papel que cada membro da equipe cumprirá?

# Todos Presentes e Contabilizados

Você já pensou que as pessoas tivessem entendido o que você estava falando e só depois descobriu que elas não tinham "entendido" nada? Infelizmente, isso aconteceu a bordo do *Santa Fe* e quase nos custou um bom marinheiro.

### 5 de março de 1999: San Diego, Califórnia
### (116 dias para o destacamento)

Chegamos em San Diego uma hora mais cedo, e eu estava preparando um relatório sobre vários problemas mecânicos com nossos tubos de mísseis. Essa foi nossa primeira navegação extensa na qual começamos a nos preocupar sobre sua condição. Não é de surpreender. Quando um sistema que é exposto a água salgada e pressão do mar é negligenciado, chaves, conectores e sensores de pressão falham.

O chefe da embarcação apareceu à minha porta, esperando discutir nosso plano para deixar o sistema 100% pronto antes do exercício de ataque que se aproximava.

"Senhor, ele disse 'Dane-se esta porcaria' e saiu da embarcação."

"Hã, quem?"

"Ah, pensei que o senhor soubesse. Sled Dog saiu sem permissão."

Claro que eu o conhecia bem. Ele era um dos contramestres subalternos que me surpreendeu com sua participação na melhoria de nosso processo da carta de navegação.

Estar em vigília como contramestre é um trabalho duro. É importante para a navegação segura da embarcação e há pouco espaço para erro. Pior, fica sob controle constante, pois a vigília é feita na sala de controle. Enquanto o oficial de convés supervisiona diretamente o contramestre, o oficial executivo e eu frequentemente entrávamos na sala de controle e íamos direto para a carta para ver onde estávamos. Frequentemente o contramestre tentava traçar suas rotas com três ou quaro oficiais ao redor da mesa da carta. É uma de várias estações de vigília que são pessoalmente qualificadas pelo capitão.

Minha reação inicial foi a de que eu simplesmente não precisava daquilo, e afundei em minha cadeira.

Já estava me sentindo mal. Tinha acabado de me lembrar que estaríamos aplicando as provas de progressão para toda a Marinha naquela semana. Estava preocupado com a navegação do submarino até San Diego e com as operações efetivas da esquadra e não prestei atenção à programação das provas. A Marinha determina as datas, e todos fazem as provas no mesmo dia, para evitar comprometer os resultados. O desempenho nessas provas determinaria em grande parte se os cem suboficiais no *Santa Fe* seriam promovidos. Mas, pelo fato de não termos falado sobre as provas de progressão e não termos programado nenhum tempo de estudo, eu não tinha grandes esperanças de que preparamos a tripulação para ter um bom resultado.

Sair sem permissão seria uma marca permanente no registro de Sled Dog, além de dificultar sua possibilidade de ser promovido. Também era um sério indicador de como as coisas estavam no *Santa Fe*.

Depois de nosso problema com a energia de terra e na sala dos torpedos, as coisas começaram a melhorar. Um oficial menos experiente retirou seu pedido de baixa, e começamos a ver pedidos de realistamento dos tripulantes alistados. Esse era um sinal de que a motivação estava mudando. A saída do submarino sem autorização de Sled Dog seria um grande retrocesso.

Convocamos uma reunião, um tipo de revisão. Estavam presentes a cadeia de comando de Sled Dog, incluindo o Tenente-Comandante Bill Greene e o Chefe John Larson, assim como o chefe da embarcação, o oficial executivo e eu. Havia dois lados. Em um, vários dos tripulantes mais experientes e chefes ponderaram que Sled Dog estava na Marinha há vários anos, estava perfeitamente sóbrio, sabia o que estava fazendo e sabia quais eram as consequências de seu ato. Agiu por conta própria e já tinham um relatório pronto sobre ele, que o levaria para julgamento no *capitan's mast*. Seria importante para a boa ordem e disciplina lidar com ele de forma severa, especialmente com o destacamento se aproximando. Não queríamos que os outros marinheiros pensassem que poderiam renegar sua obrigação com a nação e seus companheiros de embarcação.

Do outro lado, os oficiais estavam mais solidários. Pontuaram que o contramestre estava fazendo vigília de bombordo e estibordo desde que saímos de Pearl Harbor, uma semana antes. Isso significava que Sled Dog ficava em vigília por seis horas e descansava seis horas. Mas, claro, ele precisava se alimentar, se preparar para a vigília e fazer tarefas pós-vigília durante estas "seis horas de descanso", então acabava sendo mais oito horas em vigília e quatro horas de descanso. Além disso, há os treinamentos, as instruções e as simulações com toda a tripulação. Se ocorressem durante a hora do sono, que pena. Nesse caso, tivemos certificações de pilotagem e simulações, e adiantamos os relógios em duas horas para ficarmos no horário local de San Diego. Todos esses fatores, infelizmente, conspiraram para reduzir o tempo de sono de Sled Dog nas 36 horas anteriores para zero. Não foi planejado, mas também ninguém estava cuidando dele. Depois tivemos várias horas pilotando o submarino até San Diego. Esse é um período de atividade intensa, quando conduzimos a embarcação para o porto, especialmente para o contramestre.

Se, por um lado, Sled Dog não ganharia premiação como o melhor suboficial de sua divisão, por outro lado, ele trabalhava duro e era um membro valioso da equipe de vigilância. Se o perdêssemos, o *Santa Fe* não seria capaz de navegar. Se já estávamos fazendo vigília de bombordo e estibordo, ficaríamos somente com bombordo, o que significaria que teríamos somente um contramestre qualificado para a estação de vigilância. Seria uma limitação severa para a capacidade do submarino de agir em defesa da nação.

### A Ponta do Iceberg?

Decidi ir mais fundo no problema.

## P: Por que o contramestre estava fazendo vigília de bombordo e estibordo?

R: Porque não havia contramestres suficientes para fazer a vigília de três seções.

**P: Por que não?**
R: O chefe daquela divisão não conseguiu pessoal qualificado suficiente; tínhamos uma equipe em quantidade criticamente limitada. O programa de qualificação não funcionava.

**P: Havia mais alguém qualificado que poderia ter sido escalado para uma vigília de três seções, em vez de bombordo e estibordo?**
R: Sim, o suboficial de primeira classe principal daquela divisão (um supervisor), mas ele estava "fora da escala de vigília" para estar disponível para vigília discricionária como supervisor de navegação.

**P: Mas o supervisor de navegação não é designado para aumentar a segurança da visão de navegação quando a embarcação está próxima de terra?**
R: Sim.

**P: E não cruzamos o Oceano Pacífico oriental, do Havaí até San Diego?**
R: Sim.

**P: E precisávamos de um supervisor de navegação?**
R: Não.

Aquilo me irritou. Esse supervisor estava deixando seus tripulantes ficarem sem dormir e ele nem estava na escala de vigília.

Revisei mais cuidadosamente a escala de vigília completa e me dei conta de que a vigília do oficial de mergulho — uma vigília feita pelos chefes — era uma em seis. Em outras palavras, eles dividiam uma estação entre seis chefes qualificados, com uma vigília de seis horas a cada 36 horas. Enquanto isso, a rotatividade-padrão da tripulação era uma em três — três homens por estação de vigília, e em algumas estações, como a em que estava Sled Dog, era uma em dois — dois homens para uma estação.

Como isso aconteceu? Era a forma normal de se fazer as coisas em submarinos. Alguns deixam seus chefes totalmente fora das escalas de vigília. Isso poderia ser visto como uma forma aceitável de se fazer as coisas como uma manifestação da ideia de que ser chefe significava que você tinha mais privilégios, não mais responsabilidade. Era a "boa vida" que os novatos deveriam aspirar. Mas tinha o efeito oposto: tudo o que fazia era alienar a tripulação. Fiquei incomodado que os chefes estavam cuidando primeiro deles mesmos, e a tripulação estava pagando por isso.

"Onde está Sled Dog agora?", perguntei.

Ninguém tinha certeza, mas ele tinha sido visto indo em direção à caserna, o alojamento para a tripulação que ficava na base. Pensei sobre isso. Por que alguém iria para a caserna se quisesse sair sem permissão? E pensando nas coisas pelas quais Sled Dog tinha passado, acho que eu também teria dito "Dane-se esta porcaria".

A esta altura, eu já estava firmemente do lado dos solidários, mas tinha dificuldade em convencer os chefes de que tínhamos uma obrigação de tentar encontrá-lo. Poderia ter ordenado, mas isso teria resultado em obediência forçada. Decidi ir procurá-lo sozinho. Saí do submarino e fui em direção à caserna dos alistados, que ficava a algumas quadras de onde estávamos atracados na Base de Submarinos de San Diego em Point Loma. Falei com o gerente da caserna, e, surpreendentemente, Sled Dog tinha se registrado e tinha um quarto. Atitude estranha para alguém que iria deixar a Marinha. Fui até seu quarto e bati à porta. Ele estava lá!

Precisava ser cuidadoso, pois não queria dizer nada que desculpasse sua atitude ou manifestasse meu descontentamento com os chefes. Ao mesmo tempo, estava solidário com sua falta de sono e o tratamento desigual que recebera. Estava com o relatório sobre ele em minha mão. Sair sem autorização implica em uma penalidade considerável. Ele poderia ficar confinado na embarcação por 60 dias, o que o manteria no submarino a maior parte do tempo no porto antes do destacamento; ele poderia perder o salário de um mês e poderia perder uma posição na hierarquia.

Conversamos. Pude ver que ele estava emocional e fisicamente exausto. Em um movimento dramático, rasguei o relatório e concedi anistia a ele, mas deixei claro que precisava que ele estivesse de volta na manhã seguinte. Ele provavelmente não sabia, mas eu tinha colocado em dúvida qualquer ação disciplinar potencial que tomasse em relação a ele por ter me envolvido pessoalmente. Se chegássemos a ir para um tribunal militar, um advogado teria um prato cheio. Estava apostando que nunca precisaríamos ir tão longe.

Voltei para o *Santa Fe* e reuni os chefes. Revisei o que tinha acontecido e os lembrei da reunião que tivemos em janeiro na velha oficina de periscópios em Pearl Harbor. Eu estava incomodado, pois parecia que, em alguns casos, eles aumentaram a autoridade que eu havia dado a eles e usado para tornar suas próprias condições mais fáceis. Alguns estavam perdendo o senso de obrigação em relação a seus liderados. "Não estávamos todos juntos em uma reunião em janeiro quando vocês aceitaram a responsabilidade por suas equipes e por operar o submarino? Não tínhamos entendido que aquilo significava se envolver, participar, dividir os problemas com a tripulação e não agir como uma aristocracia privilegiada?" Eu estava gritando essas palavras e gesticulando em direção a eles com a lanterna. Estava muito irritado.

Bem, sim.

Contei aos chefes o acordo que tinha feito com Sled Dog. Alguns acharam que eu estava abrindo um mau precedente.

Será que eles foram desonestos em janeiro? Acho que não. Só não acho que eles conseguiam visualizar o quão diferente seria se começassem a fazer o que falam.

Não era de se estranhar que a tripulação estivesse desmotivada com esse tipo de atitude acontecendo. Não era à toa que o *Santa Fe* havia recebido o realistamento de somente três tripulantes no ano anterior. Senti um grande impulso de tirar toda a autoridade dos chefes e assumir o "controle local e imediato" para tê-los sob meu comando. Isso com certeza seria altamente provável e me tornaria como qualquer outro líder.

Na manhã seguinte, o chefe da embarcação veio com seu relatório diário de revista da tripulação.

"Capitão, todos presentes e contabilizados."

Virou-se e saiu. Ambos sabíamos que significava que Sled Dog tinha voltado, conforme prometido.

Nem todos os chefes estavam contentes com a solução do problema com o Sled Dog. Alguns estavam preocupados que eu estivesse estabelecendo um padrão ruim e que haveria uma perda da disciplina militar. Eles temiam que houvesse muitas saídas sem autorização, e se eu responsabilizasse esses marinheiros, seria hipócrita. Foi sugerido que pareceria favoritismo — talvez até a percepção de que eu havia mostrado consideração no caso de uma minoria. Suas previsões estavam erradas. Não tivemos nenhum caso de saída sem autorização em três anos.

Resisti em tomar mais controle e deixei o chefe da embarcação e o oficial executivo continuarem a gerenciar a escala de vigília dos alistados. Depois que minha raiva passou, recorri à seguinte regra de "escala de vigilância igualitária": nenhuma estação de vigília de supervisão poderia ter um rodízio melhor do que o pior rodízio de qualquer estação reportando àquele supervisor. Como isso deveria funcionar pela cadeia de comando acima, não haveria como os chefes ou oficiais estarem melhor do que a tripulação. Isso não foi bem recebido, mas eu precisava fazer com que eles entendessem e estava cansado de tentar explicar as coisas de uma forma não coercitiva. Eles simplesmente teriam de experimentar.

### Mecanismo: Repita a Mensagem Contínua e Consistentemente

O problema que tive a maior dificuldade em resolver foi o fato de não ter percebido tudo o que estava acontecendo. Tecnicamente, o oficial executivo assina a escala de vigília dos alistados, então, tecnicamente, eu não era responsável. Ainda assim, era. Estive na sala de controle uma centena de vezes durante a semana anterior. Vi frequentemente Sled Dog em vigília. Claro, eu tinha desculpas. Estava focado em outras coisas, enquanto gerenciar a escala de vigília era responsabilidade direta de outras pessoas. Não importa como eu racionalizasse, de qualquer forma, me sentia responsável. Talvez esse senso de responsabilidade tenha pautado minhas ações, e talvez as coisas poderiam ter se saído mal. Se eu tivesse ponderado cuidadosamente o impacto potencial sobre mim, nunca teria ido pessoalmente à caserna dos alistados. Porém, eu não pensava assim. Estava apenas preocupado com meu marinheiro, que estava fora do submarino sozinho e lidando com a gerência sênior que não estava preocupada em trazê-lo a bordo.

Mais uma vez, me resignei ao fato de que minha nova abordagem de liderança não estava funcionando. Era muito difícil, e se os chefes não a entendessem, como eu poderia ter sucesso? Considerei voltar a dar ordens e exigir cumprimento imediato. Depois de refletir, concluí que esse não era o líder que eu queria ser, e estava convencido de que meu curso original estava certo: dar autoridade às pessoas, junto com responsabilidade e as ferramentas para fazer o trabalho, valeria a pena no final. Resisti a esse impulso e decidi que tínhamos de manter o rumo.

A atitude dos chefes foi totalmente desconcertante para mim. Após dois meses sob meu comando, como eles podiam não ter entendido o que estávamos tentando fazer? Eu havia dado a eles mais autoridade como chefes no comando; eles me ajudaram a escrever os princípios norteadores; me ouviram falar uma centena de vezes sobre como faríamos as coisas no *Santa Fe*. Parecia que havia uma força maléfica que estava lutando contra nós e mantinha as pessoas na mesma velha forma de pensar.

O que percebi, entretanto, foi a necessidade de uma repetição contínua e consistente da mensagem.

**REPETIR A MENSAGEM CONTÍNUA E CONSISTENTEMENTE** é um mecanismo para COMPETÊNCIA.

Repita a mesma mensagem dia após dia, reunião após reunião, evento após evento. Soa redundante, repetitivo e entediante. Mas qual a alternativa? Mudar a mensagem? Isso resulta em confusão e falta de direção. Eu não tinha percebido o grau com o qual velhos hábitos demoram para morrer, mesmo quando as pessoas estão emocionalmente conectadas com a mudança. Os chefes queriam estar envolvidos, mas imaginaram uma abordagem de liderança, um estilo, que tinham visto antes no "USS *Ustafish*" — o termo genérico para o submarino em que estive um dia. Eles simplesmente imaginaram algo de seu passado. Era difícil para eles criar uma imagem do que estávamos tentando alcançar. Era algo novo. Não havia um exemplo existente ou filme que pudéssemos usar como referência.

Quando você traz algo novo, algo nunca visto antes, pode falar sobre isso, e alguns entenderão. No *Santa Fe*, realmente tivemos alguns chefes que entenderam imediatamente. O Chefe Sênior Worshek entendeu, assim como o Chefe Larson. Alguns entenderiam logo, outros levariam mais tempo. Descobri que o que acontece quando você explica uma mudança é que a tripulação ouve o que você diz, mas pensa: "Ah, sim, já sei sobre o que ele está falando. É como as coisas eram no USS *Ustafish*." Eles ouvem e pensam que sabem o que você quer dizer, mas não sabem. Nunca tiveram uma imagem do que você está falando. Não conseguem imaginar como funciona. Não estão enganados de propósito; eles simplesmente não estão vendo o que você está.

Além disso, se eles entenderem o que você quer dizer, podem ficar céticos de que essa nova forma de fazer as coisas, que é diferente de tudo o que viram antes, poderia ser melhor. Como é possível estar na Marinha por tantos anos e não ter visto isso?

Para me ajudar a lembrar disso e manter a calma, fiz um poster. Peguei a ideia de um artigo intitulado "Uma Vida de Cachorro", que tinha lido na edição de novembro de 1995 da revista *Fast Company*. Mostrava o perfil de Hatim Tyabji, o CEO da VeriFone da época. No poster, estou de pé em frente a meu cachorro Barclay dizendo "Sente". O cachorro estava de pé. Os oito primeiros quadros eram idênticos. "Sente, sente, sente" etc. Sem recriminações nem censura, simplesmente "sente". No nono e último quadro, Barclay está sentando, e a legenda é "Bom cachorro". Pendurei atrás da porta de minha cabine. Uma vez que minha porta ficava aberta a maior parte do tempo, os visitantes não viam o poster, mas eu veria.

## QUESTÕES A CONSIDERAR

- Algum de seus funcionários está prestes a "sair sem autorização" pois está sobrecarregado e subvalorizado?
- Quando é certo o líder quebrar o protocolo no esforço de resgatar um único subordinado que está estressado?
- Que mensagens você precisa continuar a repetir em seu negócio para garantir que sua equipe gerencial não se preocupe consigo mesma primeiro e negligencie o restante de suas equipes?

# Preparativos Finais

Você acredita que permitir que a iniciativa venha da base não funciona em situações de crise? Aprendi que, mesmo em acidentes (emergências), liberar o controle rende melhores resultados.

### Maio de 1999: Navegando de Pearl Harbor para San Diego
### (28 dias para o destacamento)

De novo no mar, o *Santa Fe* seguia de volta para San Diego. Precisávamos desse tempo para executar um conjunto completo de simulações e aperfeiçoar nossas habilidades operacionais. Nossa certificação final para o destacamento aconteceria assim que chegássemos em San Diego. Se por um lado se aproximava mais rápido do que eu gostaria, por outro havia também muita coisa indo bem no *Santa Fe*. Nossos marinheiros enviavam pedidos de realistamento, e a manutenção ia bem pela primeira vez. Os oficiais de vigília resolviam os problemas, e os chefes de departamento falavam uns com os outros. A ação consciente estava reduzindo erros, e cada vez mais a tripulação começava a se tornar adepta. Os chefes continuavam a crescer em sua autoridade de chefes no comando. O que começou com o gerenciamento de formulários de saída se transformou em cronogramas de controle e qualificações de gerenciamento. Conseguimos eliminar o atraso de membros da tripulação esperando por provas e entrevistas de qualificação, e o tempo médio para se qualificar em submarinos estava diminuindo constantemente. Agora, quando eu entrava a bordo pela manhã, o submarino era uma colmeia em atividade, ao contrário de um monte de pessoas esperando por autorizações.

Ainda assim, eu não tinha certeza se estaríamos prontos para o destacamento. As seis semanas anteriores haviam sido de atividade frenética e tensão. Depois de retornarmos de Pearl Harbor, o submarino passou por um período de manutenção, nossa última oportunidade em nove meses para realizar uma manutenção ampla. Eu tinha uma grande lista de preocupações com equipamentos, incluindo o sonar, gerador de oxigênio, tubos de mísseis e de torpedos, atualizações dos equipamentos eletrônicos e softwares para o sistema de controle de combate, para citar alguns. Adicionalmente, embora fôssemos realizar muitas rotinas de manutenção diárias, semanais e mensais durante o destacamento, para manter nosso equipamento em ótima condição, a rotina de manutenção menos rotineira precisava ser feita agora. De alguma forma, a tripulação tinha feito tudo, e estávamos navegando. Sempre tínhamos o objetivo de fazer treinamento durante esses períodos de manutenção, mas raramente conseguíamos. Tínhamos uma semana para arrumar tudo. Eu não tinha como voltar atrás no nosso experimento de gerenciamento agora — afundaríamos ou nadaríamos com nossa nova abordagem.

### "Fogo, Fogo, Fogo!"

Um incêndio é um dos acidentes de maior risco de vida que se pode ter em um submarino. Não só porque a fumaça espessa e escura nos força a usar nossos dispositivos de respiração de emergência, como também a visibilidade fica reduzida a praticamente zero. Se não for detectado, o fogo pode crescer em tamanho, e a atmosfera contida na embarcação resultaria em aumento de calor e pressão, o que poderia tornar a existência humana impossível. Onze anos antes, em abril de 1988, um incêndio a bordo do USS *Bonefish* matou três marinheiros. Naquele incêndio, o calor foi tão intenso, que os sapatos dos tripulantes que estavam de pé no convés acima do incêndio derreteram.

O tempo-chave era dois minutos. Estudos mostravam que precisávamos de uma mangueira de incêndio pulverizando água no fogo nesse prazo.

Eu estava de pé bem em frente ao refeitório da tripulação, que estava cheio de operadores nucleares em treinamento, quando o alarme de incêndio tocou. Os chefes de departamento executavam todos os programas de simulação, mas era eu que aprovava todos, incluindo quando e como começariam. O engenheiro havia instruído os monitores de simulação que o incêndio seria no depósito, logo depois do refeitório da tripulação. Eu queria ver o que aconteceria, pois já tinha me frustrado antes com a demora para se levar imediatamente os agentes extintores e as mangueiras de incêndio até o fogo.

A mangueira de incêndio mais próxima no *Santa Fe* ficava no passadiço, bem em frente ao refeitório da tripulação, a aproximadamente 15 metros do local do incêndio.

Deveria ter sido fácil. Todas as 40 pessoas do departamento de engenharia estavam em treinamento no refeitório da tripulação.

O fogo foi detectado e o alarme tocou. O que aconteceu a seguir?

Bem, os operadores nucleares se dispersaram, correndo perto da mangueira de incêndio e deixando-a pendurada no anteparo. Os tripulantes designados para aquela mangueira específica não conseguiam nem mesmo chegar lá, pois havia muitos operadores nucleares no caminho. Por que os operadores nucleares simplesmente não pegaram a mangueira, a colocaram no chão, a pressurizaram e terminaram a coisa toda em 60 segundos?

Porque a força submarina não os tinha treinado para fazer isso. Seguindo o procedimento padrão que a Marinha encorajava como a "melhor prática", tínhamos determinado que os vigilantes do turno manejariam as mangueiras. Isso foi pensado inicialmente, pois, no caso de um incêndio às 3 horas da madrugada, não poderíamos contar com tripulantes suficientes para se levantar e se auto-organizar para uma reação eficaz. Então, identificamos vigilantes como bombeiros de contingência que deixariam seus postos de vigilância para lidar com o incêndio. Essa era uma exceção à prática normal; deixar sua estação de vigília abandonada não era permitido.

Nos poucos anos seguintes, como as embarcações eram avaliadas por várias equipes de inspeção, os inspetores paravam em frente ao operador da mangueira de incêndio e perguntavam, quando ele aparecia, quem ele era. "Sou o auxiliar avançado em vigília." O inspetor olharia na escala de vigília para se certificar de que ele era o que havia se identificado. Se não, seria uma deficiência, uma violação de escala de vigília.

Esse era outro exemplo de onde o procedimento havia se tornado o mestre, e não o servo. O foco tinha mudado de extinguir o fogo para seguir o procedimento. Como resultado, observamos o comportamento absurdo visto no convés do refeitório do *Santa Fe*.

Ainda havia outro problema influenciando e distorcendo a atitude da tripulação. Não havia incentivo para se extinguir o fogo rapidamente.

Os guias de simulação de então previam uma série prescritiva de eventos. Não estavam conectados de forma alguma com a resposta da tripulação. Por exemplo, mesmo que a tripulação trouxesse imediatamente um extintor portátil, o resultado previsto era o de que o incêndio aumentaria. Mesmo que a tripulação chegasse com uma mangueira de incêndio pressurizada em menos de dois minutos e jogasse água na base do fogo — usando técnicas apropriadas de combate a incêndio, vestindo o equipamento correto e sapatos com solas duras —, o incêndio se espalharia mais. Seriam necessárias várias mangueiras e um ataque contínuo para apagar o incêndio. O submarino ficaria cheio de fumaça, e teríamos de ir para profundidade de periscópio e ventilar. Era uma simulação de uma hora. O conceito dos guias era o de que a tripulação precisava simular e estar preparada para todos os desdobramentos possíveis.

Mudamos isso tudo.

## Mecanismo: Especifique Objetivos, não Métodos

Primeiro, atacamos o problema da motivação. Autorizamos o monitor de simulação no local a adaptar a atividade com base na resposta da tripulação.

Se a tripulação usasse um extintor portátil nos primeiros 45 segundos, o incêndio teria sido apagado. *Feito*.

Se levasse dois minutos para levarem uma mangueira pressurizada para o local, o incêndio teria sido apagado. *Feito*.

Essas consequências tinham mais a ver com a realidade.

Agora a tripulação estava motivada a realmente fazer o que queríamos que fizessem: atacar o incêndio com extintores portáteis e mangueiras pressurizadas, sem se preocupar com a falta de incentivos administrativos e com as distrações.

A seguir, expliquei à tripulação que nosso objetivo era extinguir o fogo, e não me preocupava quem operava a mangueira de incêndio. Eles reagiram e melhoraram significativamente nosso tempo de resposta. Quando o alarme tocava, quem estivesse mais próximo se organizava para alcançar o objetivo. Mais para a frente, receberíamos prêmios por nossas respostas de controle de danos.

Também renovamos outro aspecto de reação a acidentes como incêndios.

A prática difundida por toda a força era usar comandos sucintos quando se estivesse atendendo acidentes. Por exemplo, durante um incêndio, a pessoa no local deveria verbalmente dar um panorama do que estava vendo. Não tínhamos um circuito interno de vídeo para monitoramento dos espaços. Como resultado, o oficial comandante no controle ou outros que estivessem pela embarcação poderiam não saber a extensão do incêndio. E nossa linguagem limitada dificultava: tudo o que tínhamos era a palavra *fogo* para cobrir o espectro desde uma parede em chamas até fumaça saindo de um filtro de fiapos de uma secadora. Nossa prática era usar a palavra-padrão, e então adicionar contexto, como se havia "chamas abertas" ou não. Esse mecanismo de descrever o que você vê é uma extensão de verbalizar os pensamentos.

Os oficiais que conduziam a central de controle de danos, ou central CD, controlavam a resposta da embarcação a acidentes. A central CD tinha um chefe de departamento, que ficava em minha cabine, com gráficos e quadros de status e rádios de comunicação.

Começamos a explicar para a tripulação que a próxima simulação de acidente seria diferente. Pensamos: Por que não simplesmente dizer a eles o que tinha de acontecer? Afinal, em caso de um acidente real, é exatamente o que eu queria que fizessem. Então, com frases claras e concisas, diríamos a eles: "Tripulantes nas proximidades devem atacar o incêndio com extintores portáteis." E a central CD anunciaria as coisas como: "Precisamos de um termógrafo na sala auxiliar." A central de controle de danos não especificaria quem, nem como. A tripulação resolveria isso. Quem estivesse com o termógrafo se dirigiria à sala auxiliar e relataria por um rádio de comunicação: "Chefe Sênior Worshek com o termógrafo dirigindo-se para a sala auxiliar." De novo, isso era "verbalizar o pensamento".

Achamos que essa abordagem "descentralizada" para a central CD seria muito mais eficaz.

Mudamos outras práticas em sua mentalidade também, como a prática importante de manter a embarcação silenciosa. Ser discreto é fundamental para um submarino, e minimizar estouros e barulhos desnecessários é vital.

Uma noite, eu estava de pé na sala de controle, e o chefe do sonar, o Chefe Sênior Worshek, anunciou da sala do sonar: "Barulho transitório alto, do próprio submarino." Um barulho transitório era um ruído temporário de dentro do *Santa Fe*. Poderia ser originado por várias coisas, desde uma ferramenta que cai no convés por falta de cuidado até abrir uma válvula de ar muito rapidamente. Isso não era incomum; o sonar monitorava continuamente o *Santa Fe* e anunciava esses incidentes sonoros.

Neste ponto, a prática padrão seria o chefe da vigília chamar cada vigilante da embarcação e descobrir o que estavam fazendo, para determinar a fonte do barulho transitório. Era uma gestão hierárquica.

Mas, desta vez, o Chefe Sênior Worshek entrou na sala de controle e sugeriu que mudássemos a prática. Em vez de nós (na sala de controle) caçarmos o incidente, dissemos aos vigilantes que, se causassem algum barulho transitório, deveriam chamar o chefe da vigília e relatar o ocorrido, sem serem solicitados. Isso pouparia muito tempo, e mudou a forma de lidar com essa questão da discrição do submarino de uma abordagem hierárquica (*Forçaremos você a ser discreto, de qualquer jeito*) para uma em que todos sentiam a obrigação de manter a discrição da embarcação.

Tentamos.

Nem todos estavam certos de que isso funcionaria. Para começar, era diferente. Os mais experientes resmungaram que perderíamos nossa superioridade acústica se deixássemos a tripulação fazer qualquer barulho que quisesse, contanto que admitissem o fato.

Mais uma vez, entretanto, as coisas não aconteceram daquele jeito. Começamos a receber mais relatos de barulhos transitórios do que aqueles que detectávamos pelo sonar. Ninguém gritou, nem criticou. Somente analisamos quando, por que e como os eventos ruidosos ocorreram. Eram coisas como tanques de pressurização, mudança de válvulas sob pressão, utilização de sistemas hidráulicos ou mudança de alinhamento de sistemas a vapor ou a óleo lubrificante. Muitos ocorriam na casa das máquinas e, pelo fato de o sonar ficar na proa, não eram detectados.

Por abordar de forma serena todos os barulhos transitórios que ocorriam, e não apenas os ruídos que nosso sistema de monitoramento detectava, ficamos com uma embarcação mais silenciosa.

Chegamos em San Diego para buscar os inspetores. Na noite anterior à inspeção, percebi que estava bem sereno internamente em relação a essa grande prova de minha capacidade de liderança e da tripulação. Normalmente, a vulnerabilidade de ser responsável pelo desempenho de uma embarcação, mesmo delegando quase todo o controle, teria me deixado ansioso. Atribuí minha paz a minha atitude de aprender e a minha curiosidade.

Minha confiança tinha justificativa. A tripulação desempenhava formidavelmente, e o Comodoro Mark Kenny nos certificou para o destacamento. Fiquei feliz em ver uma grande parte da tripulação usar a regra dos três nomes. Nossa reputação estava em alta. Tudo o que precisávamos fazer no momento era voltar para Pearl Harbor e executar uma série de preparativos finais e operações de descarga durante algumas semanas, e então navegaríamos para o destacamento em 18 de junho, duas semanas antes do prazo.

Especificar para a tripulação que o objetivo real era acabar com o incêndio o mais rápido possível foi um mecanismo essencial para a competência. ESPECIFICAR OBJETIVOS, NÃO OS MÉTODOS é um mecanismo para a COMPETÊNCIA. Em nosso caso, isso ocorreu porque a tripulação estava motivada a encontrar a melhor abordagem para acabar com o incêndio. Uma vez que estavam livres de seguir uma forma prescrita de como fazer as coisas, eles criaram várias formas geniais de ganhar vários segundos em nosso tempo de resposta. Como em outro exemplo, tínhamos sempre acomodado a tripulação estritamente de acordo com a posição. Eles perceberam que alguns equipamentos de controle de danos eram mais facilmente alcançáveis a partir de alguns beliches do que de outros. Ao reorganizar o plano de acomodação e alocar os beliches aos tripulantes que tinham responsabilidade pelos equipamentos de controle de danos mais próximos, eles puderam responder mais rapidamente. De uma forma, ESPECIFICAR OS OBJETIVOS também serviu como um mecanismo de CLAREZA ao focar o alcance da excelência, em vez de evitar erros. Observamos várias vezes no *Santa Fe* que o cumprimento de procedimentos tinha superado o alcance do objetivo como meta final. Embora não quiséssemos que as pessoas falhassem e quiséssemos aderência aos procedimentos e melhores práticas, mesmo assim deveríamos tomar cuidado com essa tendência.

O problema em se especificar o método junto com o objetivo é que se diminui o controle.

Dê a seu pessoal o objetivo e deixe-o definir o método.

## QUESTÕES A CONSIDERAR

- Seus processos se tornaram o mestre, em vez de o servidor?
- Como assegurar a aderência aos procedimentos ao mesmo tempo em que garante que o alcance do objetivo continua em primeiro lugar na mente de todos?
- Você revisou seu manual de operações ultimamente para substituir a terminologia geral por orientações claras, concisas e específicas?
- Seus funcionários estão seguindo os procedimentos em detrimento do alcance dos objetivos gerais da companhia?

# PARTE IV

# CLAREZA

À medida que a autoridade pela tomada de decisão é delegada para os níveis mais baixos na cadeia de comando, torna-se cada vez mais importante que todos na organização entendam seu propósito. Isso se chama clareza e é o segundo pilar de sustentação — junto com competência — necessário para distribuir o controle.

Clareza significa que as pessoas em todos os níveis de uma organização entendem clara e totalmente seu propósito. Isso é necessário para que as pessoas tomem decisões com base em um conjunto de critérios que inclui o que a organização pretende alcançar. Se a clareza de propósito não for bem entendida, então o critério a ser usado na tomada de decisões será distorcido e decisões inadequadas serão tomadas.

Os capítulos desta parte introduzirão os mecanismos que concebemos para implementar as práticas líder-líder por meio da ênfase na clareza. Os mecanismos descritos são:

- Alcance excelência, não procure somente evitar erros (este foi introduzido no Capítulo 7);
- Construa confiança e cuide de seu pessoal;
- Use seu legado como inspiração;
- Use princípios norteadores como critérios de decisão;
- Use reconhecimento imediato para reforçar comportamentos desejados;
- Comece com o fim em mente;
- Encoraje uma atitude questionadora, em vez de obediência cega.

# Navegando para o Destacamento

Como você pode cuidar de seu pessoal? Pelo visto, de muitas formas.

### 18 de junho de 1999: Pearl Harbor, Havaí (no destacamento!)

Tínhamos conseguido. Eu estava no comando do *Santa Fe* há 161 dias, e estávamos prontos para o destacamento já duas semanas antes. Tudo estava pronto: depósitos carregados, armamentos carregados e verificados, todo pessoal a bordo, reator operando e os motores principais aquecidos. O rebocador estava conectado ao nosso lado, pronto para conduzir o *Santa Fe* para fora do píer e nos deixar no canal. Naquele ponto, nos soltaríamos do rebocador e seguiríamos para o canal principal de navegação em direção ao Oceano Pacífico. Nenhum inspetor, nenhum visitante e nenhum tripulante a mais. Somente 135 marinheiros altamente ávidos por servir seu país.

O *Santa Fe* seguiria rumo oeste a partir de Pearl Harbor e faria uma parada no Japão. Nas semanas seguintes, operaríamos no Pacífico ocidental antes de passar pelo Estreito de Malaca, entre Cingapura e a Indonésia, em direção ao Oceano Índico, e depois para o Oriente Médio. Então, operaríamos dentro e ao redor do Mar Arábico por alguns meses antes de retornarmos para Pearl Harbor. Ao todo, ficaríamos fora por seis meses.

No píer, um grande grupo de esposas, filhos e outros familiares, todos juntos. Quando soltamos os cabos e os arremessamos para o píer, demos um toque prolongado na buzina do submarino. A maioria dos familiares olhou para a ponte.

Naquele momento, percebi exatamente qual era meu trabalho. Eu deveria levar aqueles 134 homens sob meu comando a milhares de quilômetros de casa, potencialmente entrar em combate e trazê-los de volta em segurança para aqueles rostos que nos olhavam. Aquilo me deu um senso renovado de propósito.

O trânsito na saída do canal foi rápido, e logo submergimos e seguimos na direção oeste. Reuni os chefes e oficiais e discutimos o que queríamos alcançar. "Olhe, ficaremos fora por seis meses", o Tenente-Comandante Rick Panlilio preconizou. "Deveríamos encorajar cada pessoa da tripulação a estabelecer objetivos pessoais — fazer cursos, ler livros, se exercitar, esse tipo de coisas —, além dos objetivos que temos para o *Santa Fe*."

Concordei, e estava impressionado por, depois de toda a preparação para o destacamento, ele não querer simplesmente relaxar.

Rick estava certo. Perguntei pelo submarino para ter um sinal do que a tripulação achava dessa ideia. O Chefe David Steele estava entusiasmado. Queria começar a fazer cursos para obter um diploma universitário. A Marinha tinha um programa para isso, mas a maioria das pessoas não tinha tempo ou a iniciativa para se beneficiar dele.

Decidimos deixar os chefes falarem com seus marinheiros sobre seus objetivos individuais, mas definiríamos alguns objetivos gerais do submarino para que todos focassem durante o destacamento. Propusemos três temas: empoderamento, eficiência e excelência tática. Quando terminamos, discutimos se deveríamos ou não falar às pessoas de fora da embarcação sobre nossas intenções. Pensei: Por que não? Parecia-me que escrever nossos três objetivos gerais e enviar em uma mensagem traria clareza para nosso raciocínio, manteria meus chefes informados sobre o que estávamos fazendo e adicionaria peso às nossas iniciativas.

Eis a mensagem que transmitimos a nossos superiores em 21 de junho, um pouco antes de cruzar a linha internacional de mudança de data. Intencionalmente, a enviei ao maior número de destinatários possível.

De: USS *Santa Fe*
Assunto: Objetivos do *Santa Fe* para o destacamento

Comentários:
1. O expresso *Santa Fe* está agora em direção oeste. Meus oficiais e a tripulação estão ansiosos para os desafios e as oportunidades deste destacamento nas linhas de frente para a segurança de nossa nação...
2. Em conjunto com meus chefes de departamento e conselheiros sênior, defini empoderamento, eficiência e excelência tática como os temas norteadores para melhorarmos continuamente nosso desempenho durante o destacamento.
    a. Empoderamento: pretendo empoderar a tripulação a alcançar seus objetivos pessoais e profissionais por meio de iniciativas como esforço focado para melhoria de desempenho nas provas de progressão, estímulo ao PACE (Program for Afloat College Education) [Programa para a Educação Superior Flutuante, em tradução livre] e outros programas independentes de estudo, além de fornecer incentivos para a melhoria no condicionamento físico. Pretendo, ainda, delegar a autoridade e responsabilidade para baixo sempre que for possível, para melhorar a satisfação no trabalho. Essa é uma continuação de um tema em que eu havia começado a trabalhar, e penso que estamos tendo algum sucesso. Tenho dez homens que submeteram pedidos de realistamento para o Golfo. [O realistamento no Golfo Pérsico tinha benefícios fiscais.]
    b. Eficiência: alcançar nossos objetivos de empoderamento demandará de nós melhoria significativa da eficiência de nossa tripulação... Nós nos empenharemos por uma maior eficiência em tudo, desde executar cenários de simulação mais rígidos a eliminar ineficiências na preparação e serviço de alimentação.
    c. Excelência tática: pretendo continuar nossa busca pela excelência tática por meio do encorajamento de métodos inovadores para alavancar o poder de combate do *Santa Fe*, com ênfase especial no suporte do submarino à esquadra, atividades de segurança nacional, combate em guerra e operações especiais...
3. Estou trabalhando para estabelecer medidas de eficácia para cada um de nossos objetivos. Os manterei informados sobre nosso progresso na direção do empoderamento, da eficiência e da excelência tática.

Muito respeitosamente, Comandante David Marquet.

## Mecanismo: Construa Confiança e Cuide de Seu Pessoal

Durante os primeiros dias fora do porto, passei um bom tempo andando pelo submarino. Tínhamos recebido algumas notícias ruins: os anúncios de promoção haviam chegado, baseados nas provas de progressão, e não tínhamos nos saído bem. Eu sabia que isso seria duro para os homens depois de todo o trabalho que eles tinham feito para deixar o *Santa Fe* pronto para o destacamento e de deixarem suas famílias por seis meses, e queria ter uma sensação de quanto esse descontentamento estava afetando a tripulação.

Quanto mais eu via e ouvia, mais me conscientizava de que tínhamos feito um péssimo serviço para nossa tripulação em março, com as provas de progressão, então me comprometi a fazer algo sobre isso, mas uma coisa continuava a me incomodar, pois eu tinha de conduzir isso a partir do topo. Não poderíamos envolver os próprios chefes nas perspectivas de avanço de suas próprias equipes? Afinal, como chefes, eles sabiam alguma coisa sobre como avançar na carreira, por isso mesmo eles eram chefes. Guardei esse incômodo comigo e foquei em entender o problema.

A primeira questão era a de que nossa tripulação — me refiro aos alistados que ainda não eram chefes, o que representava cerca de 80% da população do submarino — não entendia profundamente como o sistema de promoções funcionava. A tripulação tinha ouvido muitos mitos e tinha recebido tanta informação errada, que chegou a acreditar que o sistema era um processo místico sobre o qual não tinham o menor controle. Era essa questão do controle de tínhamos que atacar primeiro.

O processo funcionava assim: todos os suboficiais recebiam uma nota composta de progressão depois de fazer a prova, para determinar se seriam promovidos. Essa nota composta era constituída de uma ponderação das seguintes notas: avaliação de desempenho, prova de progressão da Marinha, além de notas de prêmios, tempo na Marinha, tempo na patente e quantidade de vezes que tinham feito a prova e não tinham sido promovidos. Aproximadamente um terço da nota final composta era baseada nas avaliações de desempenho, um terço na prova e um terço nos demais componentes.

Nem todos os elegíveis eram promovidos. As posições mais altas são mais escassas. Há várias razões para as promoções não serem ilimitadas. Primeiro, a quantidade de cargos diminui à medida que o nível hierárquico aumenta. Essa pirâmide é um mecanismo intencional de planejamento de pessoal para a Marinha. Mesmo se a Marinha quisesse promover todos os elegíveis, não poderia, pois o Congresso destina uma verba para os programas de pessoal e pagamento da Marinha e, assim, determina um limite de quantas pessoas a Marinha pode ter em cada nível hierárquico. O comando de pessoal naval determina, então, a nota de corte com base no total de vagas abertas disponíveis para o nível seguinte. Os marinheiros abaixo daquele nível tinham o status "PNA" (Passed, Not Advanced) [Passou, Não foi Promovido, em tradução livre]. Isso significava que eles tinham passado na prova, mas não alcançaram um múltiplo final alto o suficiente para a promoção.

Felizmente, a Marinha fornece para cada comando resultados detalhados para cada pessoa que fez a prova. No passado, sempre entregávamos essas folhas para os marinheiros e os deixávamos lidar com elas de forma individual. Desta vez, fiz uma cópia de todos os resultados e algumas análises matemáticas sobre a população agregada. Eu tinha planilhas sobre os dados. Gastei horas classificando, correlacionando e representando graficamente as informações.

A análise mostrou que, embora a prova compusesse aproximadamente 33% da nota total, ela contabilizava mais do que 80% da variação em pontos entre aqueles que foram promovidos e os que não foram. Em todos os outros componentes que compunham o múltiplo final — avaliações de desempenho, assim como prêmios, tempo na Marinha, tempo no nível etc. —, os candidatos estavam agrupados muito próximos e a diferença entre os que foram promovidos e os que não foram era pequena. A prova, portanto, fazia toda a diferença. Nosso pessoal teve uma média de 51 pontos na prova, enquanto o marinheiro que em geral era promovido tinha uma média de 64. Os homens que perdiam de 10 a 20 pontos na prova não conseguiam completar com alguns prêmios extras. Seriam necessárias 10 Medalhas de Conquista da Marinha para conseguir isso.

Ironicamente, isso era uma ótima notícia, pois o desempenho na prova era algo que podíamos controlar. Meu grande tema para os homens foi "Você PODE ser promovido, e nós PODEMOS ajudar você". Fomos trabalhar para resolver isso.

Em seguida, olhamos para as áreas em que nossos suboficiais se saíram pior. De novo, os relatórios detalhados que a Marinha forneceu tinham dados detalhados, mas precisavam ser analisados de forma agregada. Os suboficiais se saíram pior em "administração de viagem". Bem, organizar viagens não era algo que alguém faz como suboficial designado em um submarino, então reforçamos esse tópico com treinamento. Os auxiliares foram mal em "combustíveis". Em um submarino convencional, a gestão de combustíveis é uma atividade fundamental, mas nem tanto em um submarino nuclear, então precisávamos de mais treinamento nesse tópico. Decidimos aplicar provas práticas. Como os suboficiais estavam estudando para o próximo ciclo de provas, pedimos a eles para escreverem amostras de questões de múltipla escolha com base no que estavam lendo. Além de mudar seus hábitos de estudo de leitura passiva para pensar ativamente sobre questões de prova, começamos a gerar nossa própria "prova de progressão" interna, distribuindo essas questões de múltipla escolha em nosso programa de treinamento contínuo. Estas não somente substituíram totalmente, mas aumentaram as questões de repostas curtas que normalmente tínhamos nas provas. Também tornamos nossas questões mais difíceis que as da prova de progressão real. Por exemplo, nossas questões de múltipla escolha poderiam ter nenhuma, uma ou mais de uma resposta certa. Isso exigia um conhecimento significativamente mais profundo e ajudava a aprimorar competência técnica da tripulação. Antes da prova de progressão de setembro (as datas se aplicam a toda a Marinha, em março e setembro), aplicamos provas de progressão simuladas completas. Mais do que olhar para o processo de promoção como uma atividade separada, o integramos nas operações do submarino. Agora, nossos interesses estavam alinhados.

## Cuidar do Seu Pessoal Vai além de Suas Vidas no Trabalho

Nossa primeira parada depois de transitar pelo Pacífico ocidental seria Okinawa, no Japão. Okinawa fica no meio da cadeia de ilhas Ryuku, que se estica em um arco a partir do extremo sul do grupo principal de ilhas do Japão até Taiwan, a 965 quilômetros de distância. Okinawa foi cenário de uma grande batalha da Segunda Guerra Mundial entre abril e junho de 1945. Atualmente, é a sede de uma base do Corpo de Fuzileiros Navais do Estados Unidos. À medida que nos aproximávamos de Okinawa, duas coisas aconteceram.

Primeiro, o oficial executivo, que estava no *Santa Fe* quando cheguei, seria transferido para passar um tempo com seu pai, que estava doente.

O Tenente-Comandante Tom Stanley, seu substituto, teria de ser transferido a bordo e seria agora o oficial executivo para o destacamento. Essa foi uma transferência de pessoal não usual, pois Tom vinha de um trabalho administrativo em Pearl Harbor, não tinha participado do curso de aspirantes a oficial executivo e não tinha passado tempo nenhum trabalhando com o submarino. Eu precisava justificar esse movimento altamente incomum. O argumento que criamos foi o seguinte: onde ele aprenderia mais, em destacamento em um submarino operacional ou em uma sala de aula em New London? A resposta, é claro, era no submarino. A questão que nunca fizemos nem respondemos, entretanto, foi como o submarino lidaria com um oficial executivo que precisaria ser treinado desde o primeiro dia?

A segunda decisão tinha a ver com meu engenheiro, Rick Panlillio. A esposa de Rick estava grávida e provavelmente teria o bebê nas semanas seguintes. Eu estava incomodado em transferir Rick em Okinawa. É duro o suficiente justificar a transferência do engenheiro em qualquer momento durante o destacamento, mas com a transferência simultânea do oficial executivo, pensei que seria algo difícil de vender. De qualquer modo, eu havia perdido o nascimento de minha filha em 1989, pois meu comando (o *Will Rogers* de novo) não me deixou sair em tempo. Queria corrigir erros do passado.

Reuni a equipe de liderança e discutimos a questão. Eu não estava certo sobre como convencer nosso chefe operacional a aprovar o plano. Toda comunicação teria de seguir pelo tráfego padrão de mensagens da Marinha, não seria presencial, nem por vídeo, nem por telefone. Como em muitas vezes, o fato de eu não saber a resposta antecipadamente me ajudou. Em vez de uma reunião planejada, onde eu fingiria pedir ideias, tivemos uma conversa honesta. No fim, pensamos que, se apresentássemos um plano bem elaborado ao Contra-Almirante Joseph Krol, comandante do Grupo Sete de Submarinos no Japão e nosso comandante operacional, ele seria aprovado. O Tenente-Comandante Bill Greene foi redigir a mensagem que enviaríamos. No fim, ficou assim:

---

De: USS *Santa Fe*
Para: SUBGRU 7
Assunto: Transferência de Pessoal

---

1. Almirante, a esposa de meu engenheiro está prestes a dar à luz a seu bebê a qualquer momento... embora liberar dois dos oficiais mais experientes da embarcação (o oficial executivo e o engenheiro) logo antes de... trânsito... seria imprudente para a maioria dos submarinos. Minha equipe está cheia de oficiais menos experientes muito ta-

lentosos, o que me permite a oportunidade de fazer isso. O Tenente Brooks assumirá a função de engenheiro e, como eu disse, ele é um oficial naval excelente... adicionalmente, tenho dois supervisores de navegação de primeira linha além do navegador. O engenheiro é um profissional dedicado e não está pressionando esta situação; entretanto, sei que ele ficaria desapontado se não estivesse lá, e sinto que posso autorizar sua saída com segurança.

Funcionou! O plano foi aprovado. Isso somente foi possível porque o submarino havia demonstrado habilidades superiores e, por meio da implementação de nossa estrutura líder-líder, tínhamos desenvolvido um grande celeiro de talentos. Aqui foi quando tudo valeu a pena — o pai de um oficial estava em um momento crítico e outro oficial estava presente no nascimento de seu filho. (Rick chegou a tempo.)

Nossos esforços para melhorar o desempenho dos suboficiais nas provas de progressão foram bem recompensados também. Meses mais tarde, o chefe da embarcação entrou com um sorriso. Ele me entregou os resultados das promoções. Olhei a planilha e fiquei feliz em ver que Scott Dillon YN2 era agora Scott Dillon YN1. Seu próximo passo seria concorrer para chefe. Estávamos significativamente melhores que no ano anterior. De forma geral, em 1999, promovemos 48 alistados, 40% da tripulação alistada. Ao explicar o processo à tripulação e dar a ela as ferramentas para melhorar o próprio desempenho, a empoderamos a determinar seu próprio sucesso. Iríamos melhor ainda em 2000 e 2001.

Não havia muitas coisas que eu pudesse fazer para a tripulação ganhar mais dinheiro, a não ser assegurar que eles tivessem as melhores oportunidades para serem promovidos. Trabalhei duro nisso. Pelo fato de a tripulação estar convencida de que eu estava "no time deles", nunca houve problemas com respostas negativas a crítica construtiva. Nunca era uma questão de "eu contra você". Caso eles não tivessem acreditado que eu fazia tudo o que podia por eles, teria sido muito mais difícil quando pedi a eles para trabalharem tão pesado.

CONSTRUIR CONFIANÇA E CUIDAR DE SEU PESSOAL é um mecanismo de CLAREZA.

Trabalhei bastante para superar minha intolerância natural a insuficiências e a minha fala direta, mas nem sempre tive sucesso. Descobri, com o tempo, que, quando eu expunha minhas críticas, as pessoas não se importavam. Elas não as tomavam pessoalmente, pois sabiam que duas semanas antes eu fizera tudo o que era possível para que elas fossem promovidas.

É difícil encontrar um livro sobre liderança que não nos encoraje a "cuidar de nosso pessoal". O que aprendi é que, cuidar do seu pessoal não significa protegê-lo das consequências de suas próprias atitudes. Esse é o caminho da irresponsabilidade. O que isso realmente significa é dar a ele todas as ferramentas disponíveis e possibilidade de atingir seus objetivos na vida, além dos relacionados ao trabalho. Em alguns casos, isso significava mais formação; em outros, os objetivos eram incompatíveis com a vida na Marinha, e eles saíram amigavelmente.

### QUESTÕES A CONSIDERAR

- O que você e sua equipe gostariam de alcançar?
- Como você, em seu papel de líder, ajudaria seu pessoal a alcançar isso?
- Você está fazendo tudo o que pode para disponibilizar as ferramentas para seus funcionários alcançarem tanto objetivos profissionais como pessoais?
- Você está, sem querer, protegendo as pessoas das consequências de suas próprias atitudes?

# Uma Recordação da Guerra

Você tem um legado organizacional rico? Nós tínhamos, mas não o estávamos usando.

### 2 de julho de 1999: Oceano Pacífico Ocidental
### (no comando)

"176 metros, 7 abaixo, 18 nós."

O *Santa Fe* se aproximava rapidamente do fundo do oceano. Só porque estávamos certificados e em destacamento, isso não significava que paramos de executar simulações de acidentes. Foi uma submersão rápida a partir de uma velocidade alta. Era uma simulação de falha dos lemes de profundidade, em posição máxima para baixo. Em altas velocidades, é uma condição perigosa, pois o submarino afunda rapidamente.

Tomamos as ações imediatas apropriadas: toda emergência de popa, levantamento total nos lemes de proa e enchimento de emergência dos tanques de lastro de proa.

"182 metros, 7 abaixo, 14 nós."

"1-8-5 metros, 8 abaixo, 1-2 nós." Ainda descendo, mas a uma taxa menor. O oficial de submersão em vigília dizia a profundidade, o ângulo de descida e a velocidade para que todos na sala de controle soubessem.

Ele estava sentado bem atrás do operador do leme e tinha a visão mais clara do painel que indicava o que estava acontecendo com o controle da embarcação. Ele diminuía a velocidade de sua voz à medida que a taxa de mudança diminuía. Agora que as ações imediatas tinham sidos tomadas, ele estava esperando que o oficial do convés ordenasse ações adicionais.

Agora, *agora*, pensei. A descida rápida tinha sido basicamente controlada, a velocidade estava sendo reduzida com habilidade, e a taxa de profundidade de descida era mínima. Agora era a hora de ventilar os tanques de lastro de proa e proceder à "parada total" dos motores principais. Se o sinal secundário ficasse ligado por muito tempo, o submarino começaria a se mover para trás na água, o que era indesejável.

O oficial de convés olhava apreensivamente ao redor, o que não era um bom sinal. Durante acidentes, eu olhava nos olhos do oficial em vigília. Se eles se voltassem para baixo, era mau sinal. Se eles procurassem um procedimento escrito ou parecessem desfocados, também. Se eles estivessem focados nas indicações que forneceriam as informações necessárias para ele tomar a próxima decisão, bom.

Oficiais inexperientes quase sempre esperavam muito, bem neste ponto na emergência. Eles queriam ver uma taxa de profundidade ascendente antes de ventilar. Nesse momento, seria muito tarde; o ar expandido criaria cada vez mais flutuação positiva à frente, que não poderia ser eliminada rapidamente, e subiríamos rápido em um ângulo acentuado, ainda fora de controle.

Se o oficial de convés não ordenasse a ventilação dentro dos segundos seguintes, o monitor da simulação faria uma intervenção e a simulação teria falhado. Fiquei seriamente tentado a iluminar com minha lanterna os interruptores da ventilação para ajudar, mas resisti.

O chefe da vigília, Scott Dillon YN1, colocou sua mão sobre o interruptor de ventilação de proa. O oficial de convés percebeu o movimento...

"Chefe da vigília, ventilar o grupo de proa. Timoneiro,

parar tudo."

"Ventilar o grupo de proa."

"Parar tudo."

"Ventilação de proa aberta."

"Manobras de resposta, parar tudo."

Sim, era isso. Perfeito. O submarino diminuiu a velocidade, chegando quase a planar, e foi nivelado.

A ação do chefe da vigília de apontar o interruptor da ventilação, a ação principal seguinte, foi crítica para esse sucesso.

Perguntei a Dillon: "Por que você fez aquilo?"

Bem, ele explicou, ele sabia que aquela era a próxima ação a tomar, e, com a ação consciente, ele queria estar pronto para a ordem.

Sim, e ao mesmo tempo mostrou para o oficial de convés, em um momento tenso, sem dizer mais palavras, o que deveria ser ordenado.

Dessa forma, aprendemos outro aspecto poderoso da ação consciente: pensar sobre ela como uma ação antecipada consciente. Com os movimentos dos vigilantes indicando a ação seguinte a fazer, indicam aos colegas de equipe e supervisores no que eles deveriam pensar. Era poderoso e útil.

Depois disso, sempre que falássemos sobre ação consciente, falaríamos sobre vários benefícios. Ela não somente minimizava a chance de erro de uma pessoa sozinha e dava uma oportunidade para a intervenção da equipe de simulação; como também era um aspecto crítico do trabalho em equipe. Funcionava de várias maneiras. Era uma forma de sinalizar a ação da base para o topo. Também funcionava, pois vigilantes próximos poderiam corrigir erros em potencial antes que acontecessem. Esse era um excelente exemplo de colocar nosso mecanismo de ação consciente em prática.

### Mecanismo: Use Seu legado como Inspiração

Depois de se recuperar da simulação, o *Santa Fe* continuou a rumar para o sul pelo Mar do Sul da China. Estávamos em direção ao Mar Arábico, através do Estreito de Malaca. Fui à sala de máquinas para me exercitar na bicicleta ergométrica. (Afinal de contas, eu também tinha minhas próprias metas pessoais, como todos os outros.)

Alguns minutos depois, ouvi "Atenção a bombordo". Era o oficial de convés, Tenente Dave Adams, no sistema de som.

Aquilo não era nada usual. Eu nunca tinha ouvido antes "atenção a bombordo", estibordo ou outra coisa no sistema de som. Desci da bicicleta.

"Estamos passando agora pela localização aproximada onde o USS *Grayling* foi afundado em setembro de 1943."

Alguns momentos depois, "Siga em frente".

Uau, que ótima ideia! *Grayling* foi um dos 52 submarinos norte-americanos afundados na Segunda Guerra Mundial. Como operávamos no Pacífico ocidental, ocasionalmente teríamos a chance de passar perto do local de um desses submarinos perdidos. Algumas localizações eram conhecidas com precisão, mas, em alguns casos, como o do *Grayling*, a data e localização exatas continuavam um mistério. O que de fato sabemos é que o *Grayling* entregava suprimentos para guerrilheiros em Pandan Bay, Panay, na costa oeste das Filipinas, no dia 23 de agosto de 1943. Depois disso, partiu em perseguição de embarcações mercantes japonesas fora de Manila. A Marinha estimou a hora e local de seu naufrágio com base em registros japoneses posteriores à guerra e comunicações de rádio.[7]

Como submarinistas, temos um enorme legado, mas nenhum programa formal para usá-lo para inspirar a tripulação. A bordo do *Santa Fe*, adotamos várias práticas que nos conectariam a esse rico legado e instruiriam novos membros da tripulação sobre o que a força de submarinos tinha conquistado durante a Segunda Guerra Mundial. Postaríamos notas no Plano do Dia e leríamos *Medalha de Honra* ou citações de batalha sempre que qualificássemos um membro do *Santa Fe* em submarinos. Anunciaríamos quando passássemos por submarinos afundados. De volta a Pearl Harbor, considerávamos como treinamento de oficiais a visita ao submarino-museu USS *Bowfin*.

Eu estava preocupado que a tripulação achasse de mau gosto esse tipo de coisa, mas não foi o caso. Ajudou a dar clareza organizacional em relação ao que éramos — o porquê de nosso serviço.

USAR SEU LEGADO PARA INSPIRAÇÃO é um mecanismo de CLAREZA.

Muitas organizações têm inícios inspiradores e, de alguma forma, "perdem o caminho" mais tarde. Estimulo que explore o senso de propósito e urgência que se desenvolveram durante esses primeiros anos ou durante alguma crise. A estratégia é encontrar formas reais de mantê-los vivos à medida que a organização cresce. Uma das formas mais fáceis é simplesmente falar sobre eles. Inclua-os em seus princípios orientadores e use essas palavras em relatórios sobre eficiência e premiações pessoais.

Na força submarina, tínhamos um legado óbvio, altruísta e rico de serviço ao país, mas ficávamos quase envergonhados de falar sobre ele. Não estou abraçando uma cultura impensada de "matar os caras maus", mas não foi o que aconteceu. Simplesmente precisávamos ressuscitar o verdadeiro legado de nossos antecessores.

Posteriormente, o Contra-Almirante Al Konetzni me convidou para ir a Washington, D.C., representar a Força Submarina do Pacífico em uma grande convenção do Departamento de Defesa com líderes da indústria de submarinos. Uma quantidade significativa de almirantes aposentados estava na plateia. Decidi usar esse tema e dei ao discurso o título "O Espírito Está Vivo". Simplesmente falei sobre como os marinheiros jovens na Marinha de hoje entendiam e apreciavam o que havia acontecido antes de nós, e do nosso próprio jeito estávamos fazendo nosso melhor para sermos fiéis a esse legado. Foi um grande sucesso e levou a multidão a aplaudir de pé por um bom tempo.

## QUESTÕES A CONSIDERAR

- Qual é o legado de sua organização?
- Como esse legado influencia o propósito de sua organização?
- Que tipo de ações tomar para tornar esse legado vivo para os indivíduos em sua organização?

# Liderança em Todos os Níveis

Seus princípios norteadores ajudam as pessoas em sua organização a tomar decisões? Descobrimos uma forma de fazer isso.

### 1998 (um ano antes de assumir o comando do *Santa Fe*), Newport, Rhode Island, Escola de Liderança de Comando

"Comandante Marquet, você poderia vir me ver?" Eu estava sendo convocado para um aconselhamento.

A Escola de Liderança de Comando foi um período sabático de duas semanas muito bem-vindo durante o treinamento de um ano de aspirantes a oficial comandante. Havia leituras, discussões e alguns exercícios. Um dos exercícios pedia que todos escrevessem os princípios norteadores que implementariam em seus comandos quando chegassem. Entreguei uma folha em branco.

"Você está ciente de que entregou uma folha em branco?"

"Sim, senhor, estou."

"Bem, você não acha que, na função de comandante, tem a obrigação de criar uma visão para seu comando?" Era mais uma afirmação do que uma pergunta.

"Não, acho que meu trabalho na função de comandante é explorar a energia existente do comando, descobrir as forças e remover as barreiras para promover o progresso."

O supervisor da classe me olhou como se eu tivesse três cabeças, mas eu sabia que ele não me reprovaria.

A primeira vez que entrei no *Santa Fe*, distribuí uma pesquisa perguntando aos oficiais e chefes quais eles achavam que eram as forças do comando e quais deveriam ser nossos princípios norteadores. Então, tivemos algumas reuniões para selecionar os poucos que gostaríamos de manter (restrição: todos tinham que caber em uma página) e o que significavam. Entretanto, estávamos tão ocupados preparando o submarino para a primeira navegação e a inspeção, e depois o período de manutenção, que não tínhamos feito muito mais do que coletar as ideias iniciais.

Agora, no destacamento, tínhamos tempo para terminar o trabalho de definir nossos princípios norteadores.

Os chefes se reuniram no refeitório dos oficiais em uma noite, e os oficiais na noite seguinte. Eu queria que os princípios norteadores fossem reais, não algo que apenas ficasse pendurado na parede em algum lugar. Quando pensamos nos princípios e em sua utilidade, usei esta pergunta: se eu fosse um tripulante e tivesse que decidir entre dois cursos de ação, esses princípios me dariam os critérios corretos para escolher o curso apropriado?

Os princípios precisavam ser exatamente isso: um guia para decisão.

### Princípios Norteadores do USS *Santa Fe*

*Iniciativa*

Iniciativa significa que agimos sem direcionamento superior para melhorar nosso conhecimento como submarinistas, preparar o comando para sua missão e encontrar soluções para os problemas. Com cada membro do comando tomando iniciativa, a vantagem é imensa. A iniciativa tem sido uma característica do guerreiro norte-americano e um motivo-chave para nosso sucesso. A iniciativa coloca uma obrigação na cadeia de comando de não reprimir a iniciativa dos subordinados.

*Inovação*

Inovação significa: procurar novas formas de fazer uma mesma coisa; saber quais áreas estão "acima da linha d'água" e são adequadas para a inovação; ter a coragem para mudanças; e tolerar falhas.

### Conhecimento Técnico Profundo

Os submarinos modernos são extremamente complexos. O conhecimento técnico profundo significa que cada um de nós é responsável por aprender sobre nossa área de atuação. Tomamos decisões com base em fatores técnicos, não em expectativas. Entendemos os detalhes de nossas estações de vigilância e a inter-relação entre os sistemas. Nós nos aplicamos aos estudos.

### Coragem

Coragem significa que escolhemos fazer a coisa certa, mesmo se for desconfortável. Significa não somente fazer ou dizer o que subordinados, pares ou superiores querem ver ou ouvir. Significa admitir erros, mesmo que desagradáveis.

### Comprometimento

Comprometimento significa que estamos presentes enquanto trabalhamos. Damos nosso melhor. Escolhemos estar aqui.

### Melhoria Contínua

Melhoria contínua é como nos tornamos melhores. Continuamente procuramos formas de aprender a partir dos processos e melhorá-los e a nós mesmos. A cadeia de comando tem a obrigação de desenvolver e instituir mecanismos (como conduzir reuniões de balanço) para alcançar a melhoria contínua.

### Integridade

Integridade significa que dizemos a verdade um para o outro e para nós mesmos. Significa que temos uma base sólida de realidade e vemos as coisas como são, não como queremos que sejam. Integridade significa que participamos totalmente em reuniões de balanço, permitindo que as melhorias sejam baseadas em fatos.

### Empoderamento

Encorajamos nossos subordinados a agir e damos suporte a eles se cometerem erros. Empregamos delegação administrativa, explicando o que queremos que seja alcançado, e permitimos flexibilidade na forma como a ação será feita.

### Trabalho em equipe

Submarinistas têm tradicionalmente trabalhado como uma equipe porque o erro de uma pessoa pode significar um desastre para todos. Trabalhamos como uma equipe, sem prejudicar um ao outro. A cadeia de comando está obrigada a implementar mecanismos que incentivem e recompensem o trabalho em equipe. Apoiamos um ao outro de forma positiva.

*Abertura*
Exercitamos abertura participativa: liberdade para se falar o que está pensando. Além disso, exercitamos abertura reflexiva, que leva a olhar para dentro. Desafiamos nosso próprio pensamento. Evitamos a armadilha de escutar para rebater.

*Pontualidade*
Pontualidade significa que fazemos as coisas pontualmente: começamos o trabalho na hora, nos qualificamos no prazo e estamos prontos para começar as atividades e simulações na hora, e chegamos nos pontos de reunião na hora determinada. Pontualidade também reconhece que fazer a maioria das coisas mais rápido é melhor, e que trabalhar para reduzir atrasos intrínsecos e intervalos resulta em uma organização mais efetiva.

Liderança em todos os níveis!

## Mecanismo: Use Princípios Norteadores como Critério para a Tomada de Decisão

Líderes gostam de pendurar uma lista de princípios norteadores em paredes de escritórios para que fiquem à mostra, mas frequentemente esses princípios não se tornam parte da estrutura da organização. Não no *Santa Fe*. Fizemos várias coisas para reforçar esses princípios e para torná-los reais para a tripulação. Por exemplo, quando redigimos premiações ou avaliações, tentamos exprimir os comportamentos na linguagem desses princípios. "Suboficial M demonstrou coragem e abertura ao reportar…"

Meu próprio comportamento frequentemente precisava de ajustes quando era validado em relação aos princípios norteadores. Por exemplo, eu poderia inicialmente tentar dispensar um marinheiro que tivesse uma sugestão sobre uma nova forma de fazer as coisas e não ouvir o que ele tinha a dizer. Eu poderia esperar abertura dos marinheiros, mas, ao mesmo tempo, reagir a relatos de erros com irritação, em vez de curiosidade reflexiva. Quando os princípios norteadores estavam me ajudando, provavelmente estavam ajudando a outros.

Princípios norteadores têm de representar de forma precisa os princípios da organização real, não a imaginada. Falsidade sobre o que a organização é resulta em problemas. Uma vez que esses são um conjunto de critérios que os funcionários usarão quando tomarem decisões, estas não estarão alinhadas com os objetivos da organização.

Por exemplo, vi isso em uma organização que falava sobre segurança em primeiro lugar, mas cujos interesses reais eram lucros e aceitar diminuições na segurança se parecessem "razoáveis". Afinal, o mais seguro a se fazer é desligar tudo e mandar todos para casa. Mas não reconhecer que eles equilibrariam segurança e lucros resultou em um ruído de comunicação, falta de credibilidade (pois todos sabiam a verdade), além de decisões desalinhadas.

USAR PRINCÍPIOS NORTEADORES COMO CRITÉRIO PARA TOMADA DE DECISÃO é um mecanismo de CLAREZA.

A maioria de vocês tem princípios organizacionais. Saia e pergunte às três primeiras pessoas que encontrar quais são eles. Estive em uma organização que orgulhosamente exibia seu slogan em latim. Perguntei a todos que encontrei o que aquilo significava. O único que sabia era o CEO. Isso não é bom.

## QUESTÕES A CONSIDERAR

- Como simplificar seus princípios norteadores de forma que todos em sua organização os entendam?
- Como você comunicará seus princípios para outras pessoas?
- Seus princípios norteadores são referenciados em avaliações e premiações por desempenho?
- Seus princípios norteadores são úteis para os funcionários como critérios para tomada de decisão?
- Seus princípios norteadores servem como critério para tomada de decisão para seu pessoal?
- Você conhece seus próprios princípios norteadores? Os outros os conhecem?

# 24

# Uma Passagem Perigosa

Você demora tanto para reconhecer as conquistas de sua equipe, que eles até se esquecem? Aprendemos a não deixar os processos administrativos atrapalharem.

### 10 de julho de 1999: O Estreito de Malaca

O *Santa Fe* estava na superfície, seguindo em direção oeste pelo Estreito de Malaca. É uma travessia difícil. Mais de 160 embarcações grandes — quase a metade dos navios petroleiros do mundo — passam por esse estreito todos os dias.[8] Pelo fato de ser raso, todos os submarinos devem transitar na superfície, uma posição antinatural e desconfortável. Afinal, um submarino é projetado para não ser visto, e sua velocidade é menor na superfície do que quando submerso.

Próximo a Cingapura, balsas e rebocadores com barcaças criam um tráfego cruzado significativo entre Cingapura e a Indonésia. Finalmente, o espaço entre as faixas de tráfego marítimo entre oriente e ocidente estava cheio de pequenas embarcações pesqueiras — algumas vezes do tamanho de uma prancha de remo — que passavam na faixa de tráfego principal de vez em quando.

Nosso plano para concluir a difícil passagem de três dias era ficarmos a aproximadamente 1 quilômetro atrás de um dos grandes petroleiros (vazios) rumando para o oeste e seguir sua sombra como um ciclista no Tour da França. As embarcações evitariam o petroleiro grande e fácil de se ver, e conseguiríamos um caminho livre. A estratégia era chegar perto o suficiente para não deixar formar tráfego atrás do petroleiro, e ao mesmo tempo manter uma distância segura. Dividi o tempo na ponte com meu novo oficial executivo, Tenente-Comandante Tom Stanley. Eu ficaria lá por 12 horas, depois ele conduziria o submarino. Eu peguei o turno da noite.

Na primeira noite, quando passávamos pelas luzes de Cingapura a estibordo, notei uma luz fraca que se movia a nossa frente.

Enquanto tentava adivinhar o que era, Rick Panlilio, o oficial de convés, gritou: "Tudo de volta, emergência, leme máximo à direita!"

Imediatamente o submarino começou a tremer, à medida que o operador do motor fez uma manobra de reversão, desligou os motores para frente e rapidamente acionou os aceleradores de ré, revertendo os motores principais e o propulsor do *Santa Fe*. A luz era de um rebocador mal iluminado. A embarcação rebocada estava em um dos lados de nosso caminho, e o rebocador, do outro.

Conseguimos parar bem próximo da linha de tração entre o rebocador e a barcaça. Fiquei abalado.

Desci da ponte e fui diretamente para o pessoal da manobra para reconhecer os esforços da equipe de engenharia. O suboficial que tinha "empurrado a etiqueta vermelha" para o lado no incidente da energia de terra era o operador do motor. Ele nos livrou de uma colisão. Eram 5h15, e a equipe de vigília estava para ser rendida. Chamei Scott Dillon YN1, que guardava o estoque de premiações, e pedi a ele que pegasse uma Medalha de Conquista Naval. Com ela, voltei para o refeitório da tripulação e condecorei o operador do motor enquanto ele e a equipe de vigília que tinha sido rendida tomavam café da manhã. Eu disse palavras de reconhecimento e profissionalismo. Depois, relatei formalmente seu serviço exemplar, mas a prontidão do reconhecimento foi importante.

## Mecanismo: Use Reconhecimento Imediato para Reforçar Comportamentos Desejados

Deixamos nossos processos administrativos atrapalharem o reconhecimento imediato. Muitas vezes submetíamos pedidos de recompensas três meses antes da saída do marinheiro, e nos víamos fazendo várias chamadas telefônicas para rastrear o reconhecimento na última semana antes da partida do marinheiro. Quando digo reconhecimento imediato, digo imediato mesmo. Não são 30 dias, nem 30 minutos. É imediato.

Olhe para suas estruturas de recompensas. Elas são limitadas? Elas colocam alguns de seus funcionários contra os outros? Essa estrutura resultará em competição nos níveis mais inferiores. Se o que é desejado é colaboração, então isso está sendo destruído.

Em vez disso, tenha recompensas abundantes, sem limites. Elas colocam sua equipe contra o mundo — tanto concorrentes externos quanto a natureza. Gosto de chamá-las de recompensas de indivíduo-contra-a-natureza, em vez de indivíduo-contra-indivíduo. Toda equipe que levar uma mangueira para o local do incêndio dentro de dois minutos ganha uma recompensa (a "recompensa" pode ser uma nota superior). Em situações em que há uma razão física para o objetivo, é melhor do que, digamos, ter os 10% menores tempos ganhando um "excelente". Por um lado, é possível que os melhores tempos sejam três minutos e você esteja distribuindo "excelentes" para uma equipe que, na verdade, morreria em um incêndio. Por outro lado, uma vez que a equipe ficar melhor do que dois minutos, não é necessário que ela gaste mais tempo e energia aperfeiçoando essa habilidade. Melhor seguir para outra área problemática.

A mudança mais importante que acontece, entretanto, é que todas as equipes (em nosso caso, todos os submarinos) são colaboradores trabalhando contra um objetivo externo comum, em oposição a concorrentes trabalhando um contra o outro. Uma das coisas que tentei mudar foi a fronteira entre colaboração e competição. Quando cheguei ao *Santa Fe*, as pessoas do submarino estavam competindo entre si: chefes de departamento pela melhor colocação no relatório de preparação física, operadores nucleares contra suprimentos para colocar a culpa em quem não tinha pedido as peças, e assim por diante.

Intencionalmente, empurramos essa fronteira para o casco da embarcação. Diríamos "não existe 'eles' no *Santa Fe*". Queríamos cooperação dentro do submarino, e a competição deveria ser contra os outros submarinos ou, melhor ainda, contra o inimigo em potencial.

USAR RECONHECIMENTO IMEDIATO PARA REFORÇAR COMPORTAMENTOS DESEJADOS é um mecanismo de CLAREZA.

Algumas pessoas se preocupam que o fato de ter um objetivo fixo reduz o incentivo para a melhoria contínua e alimenta uma mentalidade de "precisamos apenas cumprir o objetivo". Em alguns casos, é apropriado, mas em outros, notas relativas também são apropriadas. Não há razão para que não se tenha ambos: dê a nota com base no objetivo fixo e forneça dados sobre como a equipe se posiciona em relação às outras.

Simplesmente fornecer dados para as equipes sobre seu desempenho resulta em um desejo natural em melhorar. Isso foi chamado de "*gamification*". Um blog com mais informações sobre o assunto é *Gabe Zichermann's Gamification blog*: www.gamification.com [conteúdo em inglês].

## QUESTÕES A CONSIDERAR

- Você tem implementado um sistema de reconhecimento e recompensa que permite elogiar imediatamente funcionários com melhor desempenho?
- Como você pode criar sistemas de pontuação que recompensem imediatamente os funcionários pelos comportamentos desejados?
- Você já viu evidência de "gamification" em seu ambiente de trabalho? Talvez valha a pena ler uma das postagens do blog de Gabe Zichermann e discuti-la com sua equipe gerencial.

# 25

# Olhando para o Futuro

Você está mergulhado no pensamento de curto prazo? Para mim, foi difícil começar a pensar além da inspeção seguinte, mas valeu a pena.

### 15 de julho de 1999: Oceano Índico

Eu disse anteriormente que partimos para o destacamento duas semanas antes do programado. Conseguimos essa conquista por causa de uma conversa que tive com o Tenente Dave Adams mais ou menos três meses antes. Naquele momento, estávamos dentro do cronograma da preparação para o destacamento. A tripulação se adaptava bem às várias mudanças que fizemos, e ele sinceramente queria dar ao pessoal algum tempo de folga antes que deixássemos nossas famílias para seis meses de destacamento. Estávamos programados para partir para o Pacífico ocidental e o Golfo Arábico no dia 29 de junho. Até então, tínhamos uma infinidade de coisas para consertar e equipamentos para carregar, incluindo mísseis e torpedos, e todos deveriam ser conferidos. Também estávamos programados para voltar para San Diego para uma segunda bateria de exercícios com a esquadra, uma inspeção tática e a certificação final para nosso destacamento.

Gostei do que o oficial de armas disse. Nos manuais de programação, todas as embarcações tinham uma "parada" pré-destacamento nas duas semanas anteriores à partida, mas era efetivamente só uma ferramenta de contabilização para que o pessoal pudesse dizer que a embarcação tinha finalizado o trabalho. Na realidade, esse período era repleto de atividade intensa, e ninguém tinha nenhum tempo livre.

Ao começar com o final em mente, entretanto, poderíamos conseguir fazer algo sobre negociar pelo menos parte do período de parada com a tripulação. Dando sequência ao objetivo de Dave, reunimos os chefes de departamento e analisamos o cronograma.

A única forma de podermos dar à tripulação duas semanas de folga em junho, logo antes do destacamento, seria se estivéssemos completamente *prontos* para o destacamento duas semanas antes. Isso seria duro, pois as organizações externas — o setor de carregamento de armas e o Estaleiro de Pearl Harbor — sabiam que tinham, de fato, outras duas semanas para finalizar os preparativos, e o trabalho poderia "escorregar" nesse período.

Internamente, os chefes de departamento precisavam ter o submarino preparado sob todos aspectos no dia 8 de junho, três semanas inteiras antes da data programada para o destacamento. Eu aprovaria pessoalmente todas as exceções para qualquer trabalho planejado após aquela data. Seria uma tarefa difícil e foi recebida com lamentos de que seria impossível. Entretanto, com esse pano de fundo, falamos sobre o que seria alcançado: uma parada real em que poderíamos passar um tempo com nossas famílias antes de seis meses de destacamento. Era minha função notificar as partes externas — a esquadra e o setor de manutenção, em primeiro lugar — de que tínhamos definido um limite de que o *Santa Fe* precisava estar pronto em todos os aspectos em 8 de junho.

Comunicamos à tripulação e começamos a pensar em como estaríamos prontos até a data definida.

Então, no fim de abril, faltando aproximadamente seis semanas para o prazo, o Comodoro Mark Kenny me chamou. A nação precisava que partíssemos para o destacamento 11 dias mais cedo, em 18 de junho. Bem, podíamos e conseguimos. Foi somente porque já estávamos trabalhando em nosso plano para estarmos prontos três semanas antes que isso foi possível. Infelizmente, perdemos muito do tempo que esperávamos ter junto à família. Teríamos um período curto de folga; a nação precisava de nós, e faríamos o que era necessário.

## Mecanismo: Comece com o Fim em Mente[1]

Tínhamos iniciado uma nova prática, e agora eu queria aproveitar o sucesso dessa prática. Decidi que um supervisor principal por dia, alternando entre o oficial executivo, o chefe da embarcação, o oficial de armas, o navegador, o engenheiro e o oficial de suprimentos, teria uma sessão de uma hora de mentoria comigo. A regra para a reunião de mentoria era que poderíamos falar somente sobre questões de longo prazo, e principalmente relativas a pessoas. Todos os assuntos referentes a vazamentos em válvulas ou falhas em circuitos teriam de ser tratados fora dessas reuniões.

Durante a primeira rodada de discussões, adaptamos uma técnica para foco e planejamento de longo prazo. Pedi a cada um deles que escrevesse suas decisões ao final do expediente. Uma vez que esses supervisores são designados para o submarino por três anos, esse exercício em particular os fez olhar para o futuro. Se alguém estivesse tendo dificuldade em visualizar esse horizonte, eu pedia a ele para escrever sua avaliação de desempenho para o ano seguinte. O Tenente-Comandante Bill Greene seria transferido em poucos meses, mas o Tenente-Comandante Tom Stanley, o Tenente Dave Adams e o Tenente-Comandante Rick Panlilio ficariam por mais dois anos. Eu queria que este fosse um exercício sério; não deixaria que dessem uma resposta rápida. Passei essa lição de casa entre duas sessões de mentoria de uma semana para a outra, então analisaríamos juntos o que tivessem escrito.

Quando olhei as anotações de decisões de final de expediente de Dave, notei que ele tinha algumas ótimas ideias. Espantou-me o fato de que iniciei essa prática de mentoria com a visão de uma relação tradicional mentor-aprendiz, e não tinha percebido a incompatibilidade dessa hierarquia com o modelo líder-líder. Aprendi tanto com eles como eles aprenderam comigo. Consequentemente, estávamos praticando um programa mentor--mentor.

Dave e eu discutimos cada um de seus objetivos e os tornamos o mais específicos e mensuráveis possível. Dave fez um plano de alcançar cada um dos pontos de suas anotações, distribuídos nos dois anos seguintes. Ele obteria dois relatórios de condicionamento físico nesse período, e aplicamos essa mesma abordagem para os relatórios, tornando os objetivos mensuráveis e estabelecendo as ferramentas para coletar os dados.

---

[1] Essa frase é do livro *Os 7 hábitos das pessoas altamente eficazes*, de Stephen Covey.

Dois anos mais tarde, quando Dave foi transferido do *Santa Fe*, seu departamento tinha alcançado quase tudo o que ele tinha escrito, e o relatório real ficou muito parecido com a nossa visão.

Frequentemente começávamos a escrever sobre o alcance de certos níveis de qualificação, como em "qualificar para o comando", ou ter objetivos gerais para suas equipes, tais como "fazer com que meu departamento seja melhor em aderência aos procedimentos". Objetivos como esses são muito vagos e difíceis de se quantificar, então trabalhávamos para escrevê-los de forma mensurável. Chegávamos aos detalhes com perguntas tais como:

"Como você saberia se a aderência aos procedimentos foi aprimorada?"

"Teríamos menos revisões."

"Ok. Quanto menos? Quantas você teve no ano passado?"

"Não sei, não contei."

Desta forma, gerávamos medidas observáveis. E, no processo, frequentemente aprendemos que não vínhamos monitorando os dados apropriados e teríamos de começar a fazê-lo.

O sistema de desempenho da Marinha é construído intencionalmente para tornar escassas as hierarquias comparativas mais altas. Uma vez que tínhamos três chefes de departamentos e um oficial executivo no *Santa Fe* que tinham todos o ranking de tenente ou tenente-comandante, eles competiam entre si. Como resultado, é difícil conseguir que todos sejam promovidos, porque somente um receberá a recomendação mais alta. Conseguimos com que todos fossem promovidos e tivemos um grande sucesso com grupos maiores, assim como com as avaliações dos suboficiais de primeira classe.

Normalmente, as bancas de seleção leem avaliações de desempenho que estão cheias de frases como "melhorou significativamente a aderência aos procedimentos", que são basicamente sem sentido. As avaliações dos oficiais do *Santa Fe*, por outro lado, relatavam "redução nas revisões em 43%, redução percentual do ato de fumar pela tripulação em 12%, aumento da pontualidade em 31%", e assim por diante. Acredito que a capacidade de quantificar especificamente as conquistas, além do foco que esse exercício exigiu dos oficiais e da reputação geral do submarino, nos proporcionou alcançar taxas de seleção extremamente altas. Durante meu último ano no comando, em 2001, tínhamos dez homens elegíveis à promoção de suboficial de primeira classe para chefe suboficial. Tivemos uma taxa de seleção surpreendente de 90%, promovendo 9 chefes. Em um dia, a quantidade de chefes quase dobrou (e então eles foram transferidos para outras embarcações). Foi gratificante ver

Scott Dillon YN1, que conheci como um suboficial de segunda classe quando me apresentei a bordo, tornar-se chefe. Usar dados objetivos foi uma forma eficaz de provar que tínhamos alcançado as metas que tínhamos em mente.

## Como Começar Tendo em Vista o Final

Eis algumas coisas que você pode fazer para "começar tendo em vista o final":

- Distribua este capítulo como material de leitura. Também considere o Capítulo 2 do livro *Os 7 hábitos das pessoas altamente eficazes*, de Stephen Covey, "Comece tendo em vista o final";
- Discuta os conceitos e a ideia de "começar tendo em vista o final";
- Com sua equipe de liderança, desenvolva objetivos organizacionais de longo-prazo para três a cinco anos à frente;
- Repasse as projeções e procure por frases que expressem conquistas. Em todos os casos, pergunte "Como faremos para saber?" e garanta que você tem os sistemas de mensuração implementados;
- Então peça para os funcionários escreverem suas próprias projeções para um, dois ou três anos à frente. Os objetivos nessas projeções devem descer em cascata a partir dos objetivos organizacionais; não têm de ser necessariamente idênticos, mas devem ser apropriados para o nível individual;
- Converse com os funcionários para fazer com que suas conquistas desejadas sejam inquestionáveis (Como eu saberia?) e mensuráveis.

Enquanto as anotações sobre decisões para o fim do expediente foram benéficas, pois forçaram cada oficial a ter claro em sua mente o que queria alcançar, elas também abriram caminho para um diálogo útil. Em meus diálogos com cada supervisor, discuti o que tentava alcançar para o *Santa Fe*, e, coletivamente, eles podiam traduzir aquilo em termos do que eles precisavam alcançar em seus departamentos para dar suporte aos objetivos maiores. Essas discussões, durante as quais falamos longamente sobre objetivos e conquistas recorrentes, foram muito proveitosas. COMEÇAR COM O FIM EM MENTE é um mecanismo importante para a CLAREZA ORGANIZACIONAL.

À medida que você trabalha com indivíduos em sua organização para desenvolver sua visão de futuro, é crucial que estabeleça objetivos específicos e mensuráveis. Esses objetivos ajudarão os indivíduos a descobrir suas ambições. Além disso, em seu papel de mentor, você deve estabelecer que está sinceramente interessado nos problemas da pessoa para a qual está fazendo a mentoria. Ao tomar a ação de dar suporte ao indivíduo, você provará que está, de fato, trabalhando em seu melhor interesse, sempre tendo em vista o final.

## QUESTÕES A CONSIDERAR

- Para quanto tempo à frente você está otimizando sua organização?
- Você pratica mentoria somente para instruir ou também para aprender?
- Você saberá se alcançou seus objetivos organizacionais e pessoais?
- Está mensurando as coisas que precisa alcançar?
- Você incumbiu uma equipe a escrever os objetivos da companhia três a cinco anos à frente?
- O que é necessário para reorganizar a agenda de sua equipe gerencial para que vocês possam fazer mentoria uns com os outros?
- Como recompensar os membros da equipe que alcançam seus objetivos mensuráveis?

# Eficácia de Combate

Você busca por resiliência em sua organização? Descobrimos que resiliência e eficácia às vezes significam questionar ordens.

**Setembro de 1999: Em algum lugar do Golfo Pérsico**

"Levantar periscópio."

Nas águas rasas do Golfo Pérsico, estávamos preparando um ataque a outro submarino, o USS Olympia, que fazia o papel de um submarino inimigo movido a diesel. Estávamos na metade do período de nosso destacamento e prestes a disparar o primeiro torpedo lançado de um submarino no Golfo Pérsico. Era um exercício, e o alvo era o *Oly*. (Este era o submarino que eu deveria comandar originalmente, você deve se lembrar).

O comandante do Grupo Sete de Submarinos, Contra-Almirante Joseph Krol, estava conosco para observar o exercício. O Almirante Krol havia permitido que eu liberasse Rick Panlilio para casa para o nascimento de seu filho e aprovou a substituição antecipada do Tenente-Comandante Tom Stanley como oficial executivo. Seria importante mostrar ao Almirante que ele tinha tomado a decisão certa. Estávamos sob pressão. Esse seria o teste do modelo líder-líder em oposição ao modelo líder-seguidor. Será que os mecanismos que eu havia implementado dariam o tipo de resultados pelos quais eu esperava?

Estávamos em posição, e eu tinha certeza de que ninguém pediria para subir a antena de comunicações desta vez. Até então, tudo bem. Assim como na bacia de Maui, as águas no Golfo Pérsico são rasas, e precisávamos estar em uma boa posição tática. Estávamos demonstrando não somente a capacidade do *Santa Fe*, mas, o mais importante, a capacidade da força de submarinos dos EUA em atacar e afundar submarinos nessa porção rasa de água. Queríamos que quaisquer adversários em potencial soubessem que eles não estariam seguros ali e nem em lugar nenhum, e em vez de fazer discursos, demonstraríamos.

"Alvo, localizando... MARCAR." O Tenente-Comandante Rick Panlilio estava no periscópio e viu o "inimigo".

"Baixar periscópio."

O Tenente-Comandante Tom Stanley, o oficial executivo, anunciou que tínhamos as coordenadas de tiro, e o Tenente Dave Adams recomendou que disparássemos.

Não tive de conduzir a situação e pude ficar ao fundo observando toda a cena, indo de estação em estação, olhando o rosto e a postura dos homens da equipe de controle de disparo.

Ordenei: "Disparar tubo três."

Um tremor, e o torpedo de exercício estava a caminho.

"Torpedo a caminho, em direção e normal", foi o relatório do oficial de armas.

Oficialmente, deveríamos dizer: "Manobra de liberação de cabo completa, torpedo a caminho." Mas mudamos nossa linguagem para a mesma usada pelos submarinos na Segunda Guerra Mundial. De novo, esse era um exemplo de nosso mecanismo de explorar a riqueza de nossa tradição.

Olhei em direção ao Almirante Krol, e ele parecia estar apreciando — um bom sinal.

O torpedo de exercício sinalizou um impacto! Anunciei no sistema de som para celebrar. O torpedo agora emergiria, e uma embarcação de apoio com uma grua iria tirá-lo da água e levá-lo para terra para recondicionamento.

Eu me dirigi para o refeitório da tripulação para tomar um café. O refeitório estava cheio de grupos de controle de danos em treinamento. O Almirante Krol veio e presidiu uma cerimônia de realistamento. Uma vez que estávamos em zona de combate, os bônus que concedíamos aos marinheiros quando eles se realistavam eram isentos de impostos. No final, realistaríamos 36 marinheiros em 1999, 12 vezes a quantidade que havia se realistado em 1998. Eu havia concedido mais de meio milhão de dólares em bônus de realistamento, um recorde até então. O modelo líder-líder estava dando resultados de novo.

## Dezembro de 1999: Em algum Lugar no Pacífico

"Alerta amarelo" foi anunciado no sistema de som.

Eu estava caminhando pelo submarino com minha lanterna e corri para a sala de controle. Eram 3h, e estávamos cuidadosamente posicionados para buscarmos uma equipe SEAL que vinha de um local próximo do continente. Tinha dado trabalho para chegarmos a esse ponto, e estávamos prestes a estragar tudo. Alerta amarelo significava que a profundidade da água era menor do que havíamos planejado e precisávamos nos movimentar.

Fazia praticamente um ano que eu servia como capitão do *Santa Fe*. Voltávamos do destacamento e estávamos conduzindo um exercício com os SEALs. Estávamos na terceira e última fase.

Na primeira fase, buscamos a equipe SEAL vinda de um helicóptero, em um ponto de encontro definido. Onze caras corpulentos, suas armas, dois botes infláveis Zodiac enrolados, dois motores para os Zodiacs e um monte de equipamentos para explodir coisas foram transferidos do helicóptero para o submarino, escotilha abaixo. O helicóptero foi embora. Tempo total gasto: menos de um minuto.

Em conjunto com a equipe SEAL, planejamos a missão para a fase dois. Transitamos próximos ao local e observamos cuidadosamente pelo periscópio. Vimos onde as luzes de terra estavam, onde os barcos pesqueiros estavam e — mais importante — onde não estavam. Conferimos as correntes locais e o ângulo da lua em vários momentos durante a noite. Depois de encontrarmos um bom ponto para deixá-los e resgatá-los, emergimos à noite e enviamos os SEALs para a praia. Isso tinha acontecido três dias antes.

Agora, era o momento de resgatá-los, a fase três. Eu me imaginei sendo um daqueles SEALs: tendo completado a missão com sucesso, voltando para o Zodiac e seguindo pelo oceano no meio da noite, esperando encontrar o submarino. Apesar de ser um exercício, o oceano era real, os tanques quase sem combustível eram reais, e a escuridão era real. Era importante que estivéssemos em posição para eles.

Estava totalmente escuro na sala de controle; queríamos manter o interior escuro para permitir que o operador do periscópio pudesse ver do lado de fora. Os alto-falantes que anunciaram o alerta mais cedo emitiam sons curtos. Eram pulsos de outros radares que estavam sendo interceptados por nosso equipamento e convertidos naquele tom audível. Pelas características dos sons — regulares, de um certo tom —, eu poderia dizer que indicavam barcos pesqueiros regulares e mercantes à distância. Nada com o que se preocupar.

Os relatórios chegavam na sala de controle de diferentes partes do submarino: prontidão para resgatar os SEALs; o status de outros contatos também confirmava que estávamos prontos. As coisas pareciam estar indo bem.

Passei pelo refeitório da tripulação, no convés abaixo da sala de controle. Lá, as luzes estavam acesas e cobertores estavam empilhados, caso fossem necessários. Embora fossem 3h da manhã, a tripulação ainda estava pronta para servir sopa para aqueles caras assim que chegassem a bordo.

Logo depois do refeitório da tripulação fica o compartimento de escape. É a escotilha principal, que abriríamos para que os SEALs entrassem no submarino. Era também o local onde faríamos a triagem de qualquer um que estivesse ferido.

Mais à frente, passei pela casa de máquinas, onde os operadores nucleares estavam prontos para fornecer propulsão máxima, embora estivéssemos, naquele momento, totalmente parados na superfície. O reator nuclear ainda funcionava para nos fornecer energia elétrica e vapor, caso precisássemos. Se algo acontecesse — se um navio de patrulha ou um avião inimigo se aproximasse e tivéssemos de optar entre sair dali e deixar os SEALs ou salvar o submarino —, salvaríamos o submarino. Era importante planejar, escolher o local certo.

À frente, no nível mais baixo, torpedos estavam carregados e preparados. Não esperávamos problemas, mas estávamos prontos para enfrentá-los.

O refeitório dos oficiais tinha sido adaptado como sala de cirurgias pelo Dr. Hill. Era ali que ele cuidaria de qualquer SEAL ferido.

Agora, o mais importante: quase nenhum desses preparativos aconteceu por causa de minhas ordens. Aconteceram porque alguém da tripulação pensou: "Ei, esses caras estarão molhados. Estarão com frio e com fome. Podem estar feridos. E devemos nos preparar para eles." Minha tripulação não esperou por ordens, simplesmente fez o que tinha de ser feito e informou ao pessoal apropriado. Foi líder-líder o tempo todo.

Foi quando o alerta amarelo foi anunciado.

## Mecanismo: Incentive uma Atitude Questionadora, em vez de Obediência Cega

Entrei na sala de controle, onde as coisas estavam estranhamente calmas. Seguramente o pessoal sabia que, se saíssemos de posição, seria muito mais difícil encontrarmos os SEALs e eles nos encontrarem. O oficial de convés na ponte já havia ordenado "À frente 1/3".

Olhei para a carta digital. Uma pequena seta indicava a direção de nosso movimento e apontava levemente em direção à praia. Pensei: "Não podemos ir à frente, precisamos recuar." Então gritei: "Está errado. Precisamos recuar." (Isso significava ordenar um sinal secundário).

Na escuridão, reconhecíamos nossas vozes. Sled Dog era o contramestre em vigília. Houve uma pausa e silêncio por meio segundo, então ele disse com franqueza: "Não, Capitão, o senhor está errado."

Aquilo me deixou atordoado. Eu me calei e simplesmente comecei a olhar para as indicações na sala de controle, incluindo os repetidores da bússola mostrando o direcionamento da embarcação. Pensei em o que leva um jovem marinheiro a dizer: "Capitão, o senhor está errado."

Aí eu entendi. A proa apontava para longe do continente, e nos movíamos de ré. Era o que a seta na carta digital mostrava. E me lembrei de que a equipe de vigilância havia planejado dessa forma, com a proa para fora, para o caso de precisarmos fazer uma saída rápida.

A pequena seta diminuiu e cresceu na direção para longe de terra. O oficial de convés ordenou a parada total. Tínhamos nos movido 91 metros, mas era o necessário para alcançarmos águas profundas.

Momentos depois, vimos os Zodiacs. Se os homens tivessem seguido minha ordem, teríamos ido na direção errada e poderíamos tê-los perdido.

---

À medida que escrevo isto, os noticiários falam sobre uma tragédia na Itália. No dia 13 de janeiro de 2012, o navio de cruzeiro Costa Concordia encalhou próximo a Isola del Giglio. Parece que o capitão ordenou um desvio de rota para aproximar o navio da ilha como um tributo náutico a um dos funcionários. Fico imaginando se alguém o alertou. E o oficial de convés? E o segundo no comando? E o timoneiro, que deve ter visto as luzes da ilha a menos de 1,6 quilômetro de distância? Eu realmente gostaria que algum deles tivesse tido uma atitude questionadora. INCENTIVAR UMA ATITUDE QUESTIONADORA em vez DE OBEDIÊNCIA CEGA é um mecanismo de CLAREZA.

## QUESTÕES A CONSIDERAR

- Como criar organizações resilientes, onde erros são parados, em vez de serem propagados pelo sistema?
- Seu pessoal seguirá uma ordem que não esteja correta?
- Você quer obediência ou eficácia?
- Você construiu uma cultura que aceita uma atitude questionadora?

# 27

# Regresso

Você tem a firmeza para ir na direção contrária? Há benefícios significativos em se pensar de forma diferente sobre liderança.

**Janeiro de 2000: Ancorados próximo a Lahaina, Maui**

Estávamos empolgados por voltar do destacamento antes do Natal e nos reunir com nossas famílias. Depois das férias, navegamos por um curto período nas Ilhas Havaianas para treinamento de proficiência. Eu já usava parte do material dos "7 hábitos" do Dr. Stephen Covey, tanto que, quando ele manifestou seu desejo de viajar em um submarino, foi uma decorrência natural para ele conhecer o *Santa Fe*. Durante sua visita a bordo, o Dr. Covey me perguntou o que o submarino havia conquistado. Mostrei a seguinte lista:

- Navegamos 64 mil quilômetros em segurança;
- Fizemos escalas em nove portos, em seis países diferentes, e a tripulação agiu como perfeitos embaixadores;
- Não tivemos nenhum incidente de liberdade, algo que fui lembrado a evitar por meus vários chefes antes de chegar para a visita em cada porto;

- Mantivemos o submarino em prontidão 100% operacional, com impacto operacional zero devido a reparos, manutenção, pessoal ou qualquer outro problema;
- Durante o destacamento, realistamos 19 tripulantes, com um total de mais de meio milhão de dólares em bônus de realistamento, um recorde para a época;
- Concedemos 22 qualificações submarinas (golfinhos), e a tripulação qualificou 290 estações individuais de vigília, uma média de 2,4 qualificações para cada tripulante;
- Operacionalmente, demonstramos algumas habilidades críticas, incluindo nosso exercício de torpedo no Golfo Pérsico, transitando várias vezes pelo Estreito de Ormuz e duas vezes pelo Estreito de Malaca, e resgatando os SEALs da Marinha dos EUA.

Claro que havia algumas coisas que não pude contar a ele. Para mim, os números mais impressionantes foram nossos resultados de retenção. Os resultados foram os seguintes:

| CATEGORIA | 1998 | 1999 |
| --- | --- | --- |
| Realistamento dos alistados | 3 | 36 |
| Retenção de oficiais | 0% | 100% |
| Pessoal alistado selecionado para programas de oficiais | 1 | 3 |
| Pessoal alistado promovido | 30 | 48 |
| Pessoal classificado como inelegível para realistamento (algo ruim) | 8 | 1 |
| Semanas (em média) para qualificação em submarinos | 45 | 38 |
| Coordenadores de contatos com alistados | 1 | 8 |
| Oficiais de mergulho com Qualificação E6 | 0 | 2 |
| Estações de vigília com turno bombordo/estibordo | 7 | 0 |

| CATEGORIA | 1998 | 1999 |
|---|---|---|
| Avaliação da engenharia | Abaixo da média | Acima da média |
| Eficácia dos programas de treinamento | "Não eficaz" | "Muito eficaz" |
| Avaliação médica | Pior dos seis da Esquadra Sete | Melhor dos seis da Esquadra Sete |
| Coordenação de contatos | Abaixo da média | Excelente |
| Eficácia tática em várias áreas de missão | Abaixo da média a Média | Acima da média a Excelente |

Por que os números de retenção subiram tanto? Bem, houve várias razões, mas uma das mais importantes foi que os novatos costumavam ver o que seus chefes faziam para saber se queriam ficar e ter aquele trabalho. Os chefes do estilo antigo não tinham uma vida particularmente dura, enfatizando o privilégio da hierarquia sobre a obrigação, mas isso não era relevante. Eles não eram responsáveis por nada.

Com o conceito do Chefes no Comando, seu trabalho dobrou de intensidade. Eles precisavam ser ativos, responsáveis pelas atividades e assegurar que as coisas sairiam da forma apropriada. Eram os que ficavam em frente ao oficial comandante explicando por que as coisas não tinham se saído tão bem como deveriam. Ainda assim, seus trabalhos agora importavam, e as decisões que tomavam — eles realmente tinham de tomar decisões — afetavam a vida dos 135 marinheiros e a eficácia de combate de uma embarcação de guerra de 2 bilhões de dólares. Esse era um trabalho para o qual as pessoas poderiam se candidatar.

Dois oficiais iniciantes retiraram seus pedidos de baixa.

O *Santa Fe* foi condecorado com o Troféu da Frota Arleigh Burke. Esse reconhecimento é concedido ao submarino, navio ou esquadra de aviões que tenha alcançado a maior melhoria em eficácia de batalha durante o ano calendário. Atribuo essa conquista à estrutura líder-líder que desenvolvemos a bordo do *Santa Fe*.

O Dr. Covey me disse que era a organização mais empoderada que ele havia visto, não somente nas forças armadas. (Foi gratificante receber esse reconhecimento de um homem cujo trabalho usamos para nos ajudar a alcançar esse objetivo.) Livre da imagem mental do modelo líder-seguidor, a tripulação buscava a excelência ao realizar cada atividade e cada operação. Naquele momento, sabíamos que estávamos desenvolvendo algo novo, mas não sabíamos o que era. Por meio de tentativa e erro, a tripulação chegou a um conjunto de práticas e princípios que eram muito mais eficazes que aqueles do modelo líder-seguidor. Foi somente perto do final que entendemos que tínhamos substituído o modelo líder-seguidor pelo modelo líder-líder.

Continuei a ver benefícios da ação consciente. A CONSCIÊNCIA inicialmente reduzia erros por parte dos operadores e era um mecanismo para o TRABALHO EM EQUIPE. Finalmente, era um mecanismo para INDICAR INTENÇÃO.

Um ano depois, no início de 2001, recebemos a maior avaliação que alguém já havia visto em nossas vistorias de operações de reator, com notas máximas em todas as áreas. Depois conversei com o inspector sênior, um capitão. Ele disse que minha tripulação tentou cometer a mesma quantidade de erros que a média das embarcações. A diferença foi que os erros nunca aconteceram por causa da ação consciente.

Eu não tinha noção na época, mas o poder do modelo líder-líder estava começando a entrar em ação.

Conquistamos vários outros avanços, tais como:

- Em vez de focar em revisão profunda do trabalho, foquei a revisão profunda das pessoas;
- Ao invés de solicitar mais relatórios e mais pontos de inspeção, solicitei menos;
- Em vez de mais "liderança" que resulta em mais "mentalidade de seguidor", pratiquei menos liderança, o que resultou em mais liderança efetiva em todos os níveis do comando.

Depois da visita do Dr. Covey, refleti longa e profundamente sobre os mecanismos que implementamos e como eles funcionavam juntos. Ocorreu-me que parecia, em muitos casos, que estávamos fazendo o oposto do que a liderança tradicional nos teria levado a fazer. Eis alguns exemplos:

| NÃO FAÇA ISTO! | FAÇA ISTO! |
| --- | --- |
| Líder-seguidor | Líder-líder |
| Tomar o controle. | Dar o controle. |

| NÃO FAÇA ISTO! | FAÇA ISTO! |
|---|---|
| Dar ordens. | Evitar dar ordens. |
| Quando der ordens, seja confiante, claro e decidido. | Quando der ordens, deixe espaço para questionamentos. |
| Instrua. | Certifique. |
| Tenha reuniões. | Tenha conversas. |
| Tenha um programa mentor-aprendiz. | Tenha um programa mentor-mentor. |
| Foque a tecnologia. | Foque as pessoas. |
| Pense no curto prazo. | Pense no longo prazo. |
| Queira que sua falta seja sentida depois que for embora. | Queira que sua falta não seja sentida depois que for embora. |
| Tenha treinamentos altamente repetitivos e de baixa qualidade. | Tenha treinamentos pouco repetitivos e de alta qualidade. |
| Limite as comunicações a ordens concisas, sucintas e formais. | Amplie as ordens com comunicações informais ricas e contextuais. |
| Seja questionador. | Seja curioso. |
| Transforme processos ineficientes em eficientes. | Elimine passos e processos inteiros que não agreguem valor. |
| Aumente pontos de monitoramento e inspeção. | Reduza pontos de monitoramento e inspeção. |
| Proteja a informação. | Compartilhe a informação. |

Adicionalmente, formulamos o conceito geral apresentado aqui: controle, competência e clareza. Até este ponto, estávamos somente "fazendo coisas" e vendo o que funcionava e o que não funcionava. Não posso dizer que eu tinha um plano predeterminado, somente uma noção vaga de que precisávamos acessar a capacidade mental, criatividade e energia presentes em todos.

Os mecanismos se encaixam nos três pilares da forma a seguir.

## Instituindo o Modelo Líder-Líder

A essência do modelo líder-líder é dar aos funcionários *controle* sobre seu trabalho e sobre a forma que trabalham. Isso significa deixá-los tomar decisões significativas. Os dois pilares que possibilitam isso são *competência* e *clareza*. Eis uma lista dos mecanismos descritos neste livro:

### Controle

- Encontre o código genético do controle e o reescreva;
- Aja para conduzir a uma nova forma de pensar;
- Conversas preliminares curtas tornam o trabalho eficiente;
- Use "Eu pretendo..." para transformar seguidores passivos em líderes ativos;
- Resista ao impulso de dar soluções;
- Elimine os sistemas de monitoramento hierárquico;
- Verbalize os pensamentos (tanto superiores como subordinados);
- Acolher os inspetores.

### Competência

- Aja de forma consciente;
- Aprendemos (em todos os lugares, a todo momento);
- Não instrua, certifique;
- Repita a mensagem contínua e consistentemente;
- Especifique objetivos, não métodos.

### Clareza

- Alcance a excelência, não procure somente evitar erros;
- Construa confiança e cuide de seu pessoal;
- Use seu legado como inspiração;
- Use princípios norteadores como critério para a tomada de decisão;
- Use reconhecimento imediato para reforçar comportamentos desejados;
- Comece tendo em vista o final;
- Incentive uma atitude questionadora, em vez de obediência cega.

Espero que essa organização dos mecanismos neste livro o ajude a colocar essas ideias em prática à medida que adota a filosofia líder-líder.

Eis um resumo do exercício que conduzo em organizações que querem caminhar em direção ao modelo líder-líder.

Primeiro, identifique onde a excelência é criada em sua companhia. Devem haver alguns processos internos e de interação que geram excelência. Geralmente, acho que interações com o cliente e com o mundo real são duas interações críticas. Então, descubra quais decisões as pessoas responsáveis por essas interações precisam tomar para alcançar a excelência. Finalmente, entenda o que se seria necessário para capacitar esses funcionários a tomar essas decisões. Isso tipicamente requer uma intersecção do conhecimento técnico adequado, um conhecimento profundo dos objetivos de sua organização, autoridade para tomar a decisão e responsabilidade pelas consequências das decisões tomadas.

## QUESTÕES A CONSIDERAR

- Pronto para dar os primeiros passos em direção ao modelo líder-líder?
- Pronto para dar os primeiros passos em direção a uma força de trabalho empoderada e engajada?
- Pronto para acolher as mudanças que liberarão o poder intelectual e criativo das pessoas com as quais você trabalha?
- Você tem energia para pensar em longo prazo?

# Um Novo Método de Reabastecimento

Você quer funcionários empoderados, mas acha que programas de empoderamento não ajudam? Aprendemos que empoderamento não é o suficiente.

**Verão de 2001: O Estreito de Ormuz**

O *Santa Fe* estava novamente em destacamento, 18 meses depois da visita do Dr. Covey. Passamos por todas as mesmas inspeções e diagnósticos pré-destacamento, como em 1999, mas sem boa parte da tensão. Tínhamos um novo oficial executivo: o Tenente-Comandante Mike Bernacchi rendeu o Tenente-Comandante Tom Stanley, e o Tenente Caleb Kerr rendeu o Tenente-Comandante Bill Greene como navegador. O Tenente Dave Adams, o Tenente-Comandante Rick Panlilio, o Chefe Sênior Andy Worshek e o Chefe David Steele continuavam a bordo. Durante nosso período de treinamento, os novos oficiais Bernacchi e Kerr rapidamente adotaram o jeito do *Santa Fe* de fazer as coisas.

Estávamos operando novamente no Estreito de Ormuz em profundidade de periscópio e tivemos um problema.

Acabávamos de completar uma operação e antecipamos uma parada no porto para reabastecimento. Não parecia que aconteceria. Normalmente, isso seria simplesmente um inconveniente pequeno, pois o submarino era carregado para 90 dias de operações a cada vez, e não estávamos próximos desse limite.

Infelizmente, tivemos um pequeno vazamento de óleo em um carneiro hidráulico, que não conseguimos consertar no mar. De forma lenta, mas constante, estávamos esgotando nosso estoque de óleo e corríamos o risco de ter que terminar nossa operação antes. Até esse ponto, tínhamos obtido um registro de 100% de realização de nossos dias de navegação e missões designadas, e eu não estava interessado em perder esse registro no momento.

O Estreito de Ormuz é um lugar agitado, e um submarino operando em profundidade de periscópio e baixa velocidade deve estar constantemente atento ao tráfego em todas as direções. Como no Estreito de Malaca, superpetroleiros estão atravessando em ambos os sentidos. Além disso, contrabandistas cruzam do Irã para os Emirados Árabes Unidos e, claro, pequenos barcos pesqueiros são onipresentes. Até esse ponto do destacamento, nossa equipe de rastreamento de seção estava operando bem, e eu não estava muito preocupado com a segurança do submarino. Eu olhava periodicamente para os displays para me assegurar de que estávamos livres de todo tráfego, mas não prestava muita atenção às embarcações específicas que evitávamos.

Tínhamos um oficial de infantaria no periscópio, Armando Aviles. Armando havia se formado na Academia Naval em 1999 e se apresentado no *Santa Fe* em fevereiro. Ele era novato. Estava entusiasmado e sem restrições para aprender como a "Marinha de verdade" trabalha. Isso foi uma vantagem para nós.

Depois de ouvir uma conversa sobre nossa necessidade de mais óleo, o Oficial Aviles se aproximou. "Ei, é o AOE (um navio da Marinha para reabastecimento rápido). Por que não pedimos a eles um pouco de óleo?" Olhei pelo display do periscópio e, realmente, o navio rápido de apoio de combate USS *Rainier* estava passando pelo Estreito de Ormuz a vários quilômetros de distância.

O *Rainier* era um navio de suprimentos projetado especificamente para ficar com o grupo de batalha de porta-aviões. Ele tinha saído para destacamento de San Diego com a esquadra USS *Constellation* quando partimos de Pearl Harbor. Carregava 7,5 milhões de litros de óleo diesel, 7,5 milhões de litros de combustível de jato e toneladas de munição e suprimentos. Tudo de que precisávamos eram poucas latas de óleo. Certamente o *Rainier* as teria.

Havia um problema. Todos os movimentos do grupo de batalha eram direcionados por uma série de mensagens. Uma delas era a mensagem diária de intenções. Se você quisesse reabastecer com algo do *Rainier*, deveria solicitar sua inclusão nessa mensagem, e isso deveria acontecer pelo menos 36 horas antes do evento planejado. Não era possível somente "fazer uma chamada" e obter o suprimento.

Mas, neste caso, fizemos.

O *Rainier* certamente não sabia onde estávamos, pois, é claro, continuávamos indetectáveis. Apesar de estarmos em uma condição identificável, que nos permitisse navegar na superfície, sempre permanecíamos indetectáveis o máximo possível.

Pensei: "É ambicioso, mas por que não? O que temos a perder?" Acenei com a lanterna. "Vamos em frente, pessoal, vejam se vocês conseguem."

"Pretendo quebrar o silêncio de rádio para coordenar um reabastecimento do *Rainier*", disse o Oficial de Convés.

"Muito bem."

O navegador chamou o *Rainier* pelo rádio, nos identificou e informou o código de estoque da Marinha para o óleo hidráulico externo. Eles efetivamente nos reabasteceriam! Felizmente, o Capitão Kendall Card, que eu conhecia pessoalmente, havia reforçado com sua tripulação que eles deveriam fornecer suprimentos para as embarcações da Marinha dos EUA, e isso era mais importante que a burocracia. Eu nunca havia ouvido uma coisa dessas. Não somente isso, mas o oficial comandante nos convidou a enviar qualquer tripulante que precisasse de checkups médicos ou dentários além do que o Dr. Hill, do *Santa Fe*, poderia realizar.

O *Rainier* tinha uma programação a manter, e não podíamos demorar. Se não emergíssemos em poucos minutos, ele não poderia ficar por perto para nos ajudar.

A tripulação partiu para a ação, para a qual dei meu consentimento imediato.

Do supervisor do sonar: "Oficial de convés, pretendo recolher a matriz rebocada em preparação para emergir. O supervisor do sonar é o chefe no comando."

Muito bem.

Do oficial do convés: "Capitão, pretendo preparar para emergir."

Muito bem.

Do chefe da embarcação: "Pretendo reunir o grupo de manuseio de pequenas embarcações no refeitório da tripulação. Pretendo separar equipamento para mergulho e drenagem e abrir a escotilha inferior da câmara de fuga de proa. O chefe da embarcação é o chefe no comando."

Muito bem.

De nosso médico, Dr. Hill: "Pretendo reunir o pessoal selecionado para checkup dentário no refeitório da tripulação, conduzindo rendição de vigílias conforme necessário."

Muito bem.

De Scott Dillon YN1: "Capitão, pretendo pedir à equipe correspondências a enviar e transferi-las ao *Rainier*."

Muito bem.

Do oficial de suprimentos: "Capitão, pretendo transferir o óleo hidráulico do *Rainier*."

Muito bem.

Emergimos para uma breve pausa de pessoal. Enquanto isso, o *Rainier* baixou um pequeno bote, o carregou e enviou em nossa direção. O pequeno bote que usaram era chamado de bote inflável de casco rígido.

Precisávamos de homens no topo para abrir a escotilha do convés principal para trazer os suprimentos a bordo. Muitas atividades variadas precisavam acontecer rapidamente e de forma sincronizada. Aqui foi onde o treinamento valeu a pena — onde tudo o que tínhamos feito valeu a pena. Não teria como eu ter elaborado um plano para conduzir esse tipo de operação e coordená-la passo a passo. Isso poderia ser chamado de velocidade de resposta, redução do atraso sensorial inerente às organizações ou adaptabilidade à mudança. Independentemente de como chame, o desempenho da tripulação nos permitiu continuar a ser um submarino na defesa de nosso país, em vez de nos aproximarmos lentamente do porto para reabastecimento.

O *Rainier* não somente mandou o óleo de que precisávamos, como também enviou jornais, frutas e legumes frescos.

Trouxemos o bote para perto. Carregamos o óleo, os jornais, as frutas e legumes, e mandamos meia dúzia de tripulantes para seus checkups. Eu estava um pouco preocupado com nossa vulnerabilidade, pois estávamos na superfície em uma área de alto tráfego. Consequentemente, fechamos a escotilha e preparamos o *Santa Fe* para submergir rapidamente. Se tivéssemos de submergir, o grupo que foi para o *Rainier* teria ficado lá por alguns dias.

Felizmente, não foi necessário, e pouco tempo depois o bote retornou com nossos tripulantes. Os trouxemos a bordo e submergimos, prontos para operar pelo tempo que precisássemos agora.

## Mecanismos: Não Empodere, Emancipe

O empoderamento é um passo necessário, pois estamos acostumados a não estar empoderados. Ele é necessário para desconstruir todas as mensagens hierárquicas do tipo "faça o que te dizem para fazer" ou "trabalhe em equipe", que resultam no modelo líder-seguidor. Mas o empoderamento não é suficiente por vários motivos.

Em primeiro lugar, ele não é, em si mesmo, uma estrutura completa de liderança. Não trabalha sem os atributos de competência e clareza.

Em segundo lugar, o empoderamento ainda é consequência, e é uma manifestação, da estrutura hierárquica. E sua essência é a crença de que o líder "empodera" os seguidores, que ele tem o poder e a capacidade de empoderá-los.

Precisamos de mais do que isso, porque o empoderamento dentro de uma estrutura líder-seguidor é uma compensação modesta e uma voz perdida, em comparação ao sinal devastador da mensagem "você é um seguidor". É um sinal que confunde.

O que precisamos é de libertação, ou emancipação. Emancipação é fundamentalmente diferente de empoderamento. Com a emancipação, reconhecemos a genialidade, energia e criatividade inerentes a todas as pessoas e permitimos que esses talentos venham à tona. Percebemos que não temos o poder de dar esse talento aos outros, ou "empoderá-los" para que os usem, somente o poder de evitar que sejam revelados. A emancipação acontece quando as equipes têm controle sobre a tomada de decisão e têm as características adicionais de competência e clareza. Você sabe que tem uma equipe emancipada quando não precisa mais empoderá-la. De fato, você não mais consegue empoderá-la, porque ela não depende de você como sua fonte de poder.

### QUESTÕES A CONSIDERAR

- Você restringe sua liderança ao empoderamento?
- Que programas você instituiu para complementar o controle com competência e clareza?
- Você privou-se da atitude na qual, como líder corporativo, empoderará seu pessoal?

# Ondulações

**15 de janeiro de 2011: Base de Submarinos, Pearl Harbor**

Estou sentado no píer no Havaí, no dia 15 de janeiro de 2011, doze anos depois de ter assumido o comando do USS *Santa Fe*. Desta vez, outro oficial está assumindo o comando, o Comandante Dave Adams. Ele foi coincidentemente designado a comandar o *Santa Fe* depois de servir como oficial executivo no USS *Honolulu* e comandar uma Equipe de Reconstrução Provincial no Afeganistão por um ano. Ele não foi o único oficial do *Santa Fe* a fazer isso. O Tenente-Comandante Caleb Kerr também comandou uma equipe dessas depois de servir como navegador no *Santa Fe*. Esses oficiais são escolhidos a dedo pelo chefe de operações navais. Não acho que foi coincidência que, dentre a centena de candidatos, três comandantes de Equipes de Reconstrução Provincial da Marinha viessem de uma mesma embarcação — o *Santa Fe*.

Agora, anos depois, posso ver que implementar o modelo líder-líder no *Santa Fe* alcançou duas conquistas adicionais que não seriam conhecidas de imediato. A primeira foi que o submarino continuou a ter um bom desempenho por um bom tempo depois de minha saída. Uma vez que incorporamos a qualidade de como fazíamos as coisas nas práticas e nas pessoas, essa qualidade persistiu para além de minha permanência. O submarino conquistou o reconhecimento pelos melhores grupos de chefes por sete anos seguidos e ganhou o prêmio Batalha "E" como o submarino mais eficaz em combate da esquadra três outras vezes na década seguinte. Isso comparado a zero na década anterior.

A outra conquista é que desenvolvemos mais líderes em quantidade bem desproporcional às probabilidades estatísticas. Ambos os oficiais executivos foram selecionados para comandar seus próprios submarinos e foram posteriormente selecionados para o comando maior. Ambos foram promovidos a comandante e, depois, para a posição de capitão. Os três chefes de departamento elegíveis foram selecionados para oficiais executivos e, novamente, para comandar seus próprios submarinos. Estão no comando agora. Todos os três foram promovidos para a posição de tenente-comandante, depois comandante, e dois já foram selecionados para a posição de capitão. O quarto chefe de departamento foi selecionado para a comunidade de oficiais de Engenharia da Marinha e foi promovido a capitão. Muitos dos alistados assumiram posições como chefe da embarcação ou atingiram graus avançados e gerenciam negócios.

Esse é o poder da estrutura líder-líder. Apenas com esse modelo você pode alcançar desempenho superior *e* excelência duradoura *e* desenvolvimento de novos líderes.

Se o modelo líder-líder pode funcionar a bordo de um submarino nuclear, também pode funcionar para você.

Eu me preocupo que alguns leitores pensarão na lista de mecanismos como prescrições que, se seguidas, resultarão nas mesmas melhorias sistêmicas de longo prazo que vimos no *Santa Fe*. Não acho isso. Em meu trabalho como consultor, depois de deixar a Marinha dos EUA, descobri que cada organização é diferente e única. As pessoas que formam a organização têm históricos diferentes, um nível diferente de tolerância ao empoderamento e um senso diferente de conforto com a emancipação.

Seus mecanismos serão estruturalmente similares, mas as especificidades serão diferentes. Por exemplo, descobrimos que um dos mecanismos mais importantes para controle era mudar o nível na organização em que as férias de um indivíduo eram aprovadas. Em sua organização, pode não ser a política de férias. Pode ser o nível em que os descontos são aprovados para o cliente. Pode ser o montante em dinheiro que um funcionário pode aprovar sem a necessidade de uma autoridade superior. Se você perguntar às pessoas que tipo de autoridade elas gostariam de ter para tornar seus trabalhos mais fáceis, com certeza ouvirá algumas ideias.

A ação consciente está sendo adotada por toda a força submarina. É conhecida pelos operadores nucleares como "apontar e disparar" e é ensinada no currículo de treinamento de energia nuclear. Muitos comandos a aplicam e a levam a sério.

O "Eu pretendo…" também tem se espalhado. Visitei o USS *New Mexico*, uma embarcação comissionada em 2010. Enquanto eu conversava com o capitão, o oficial em vigília se dirigiu a ele e disse: "Capitão, eu pretendo…" E aquela embarcação tinha um bom desempenho.

Em relação a "Não instrua, certifique!", o termo "certificação", em oposição a instrução, foi adotado pela força de submarinos, mas para muitos é só uma forma diferente de dizer instrução.

Para mais informações sobre como sua organização pode se beneficiar da estrutura líder-líder, incentivo você a visitar meu website (www.leader-leader.com) [conteúdo em inglês] ou me contatar diretamente em david@turntheshiparound.com. No site, disponibilizo várias ferramentas para se construir uma estrutura líder-líder, incluindo o processo de sete passos para uma autoavaliação eficaz que desenvolvemos a bordo do *Santa Fe*.

Finalmente, a pessoa mais importante a se controlar é você mesmo — pois é o autocontrole que permitirá a você "dar controle, criar líderes". Acredito que rejeitar o impulso de tomar o controle e atrair seguidores será seu maior desafio e, no tempo certo, será sua conquista mais poderosa e duradoura.

# POSFÁCIO

### Onde Eles Estão Agora?

**TENENTE-COMANDANTE TOM STANLEY,** oficial executivo no *Santa Fe* entre 1999 e 2000, assumiu o comando do USS *Los Angeles* e foi selecionado para o comando maior. Comandou o navio de apoio a submarinos USS *Frank Cable* de 2009 a 2011. É capitão da Marinha.

**TENENTE-COMANDANTE MIKE BERNACCHI,** oficial executivo no *Santa Fe* entre 2000 e 2002, assumiu o comando do USS *Alexandria* e foi selecionado para o comando maior. Está no comando da Esquadra Quatro de Submarinos em New London, Connecticut.

**TENENTE DAVE ADAMS,** oficial de armas no *Santa Fe* entre 1998 e 2001, assumiu o comando da Equipe de Reconstrução Provincial na Província de Khost e, depois, o comando do *Santa Fe* em 2010. Foi selecionado para capitão.

**TENENTE-COMANDANTE RICK PANLILIO,** engenheiro no *Santa Fe* entre 1998 e 2001, assumiu o comando do USS *Springfield* de 2009 a 2012. Foi selecionado para capitão.

**TENENTE-COMANDANTE BILL GREENE,** navegador/oficial de operações no *Santa Fe* entre 1997 e 1999, entrou no programa de Oficiais de Engenharia da Marinha e é o comandante do Estaleiro Naval de Portsmouth.

**TENENTE CALEB KERR,** navegador/operações no *Santa Fe* entre 2000 e 2004, comandou a Equipe de Reconstrução Provincial na Província do Nuristão e, depois, o USS *Bremerton* em 2010. Atualmente é comandante.

**CHEFE SÊNIOR ANDY WORSHEK,** chefe do sonar no *Santa Fe*, serviu como chefe da embarcação no USS *Cheyenne*, foi selecionado para suboficial principal e serviu como suboficial de comando na Base de Submarinos de Yokosuka (Japão).

**CHEFE DAVID STEELE,** chefe de controle de disparos no *Santa Fe* entre 1996 e 2000, graduou-se como bacharel, serviu como chefe da embarcação no USS *Bremerton* e serviu como suboficial de comando no Comando Naval de Suporte a Submarinos em Pearl Harbor, Havaí. É suboficial principal.

**SCOTT DILLON YN2,** líder de Divisão de Suboficiais no *Santa Fe*, foi promovido para suboficial de primeira classe e chefe enquanto esteve no *Santa Fe*. Está servindo na equipe do Comandante da Força de Submarinos. É um suboficial sênior.

**SLED DOG,** contramestre no *Santa Fe*, completou com sucesso sua permanência na Marinha e foi honrosamente dispensado.

# GLOSSÁRIO

**Termos Técnicos, Gírias e Jargões Militares**

**1MC**    Sistema de alto-falantes que permite anúncios por toda a embarcação.

**ADCAP**    "Advanced Capability" [Capacidade Avançada, em tradução livre] — torpedo Mk 48 ADCAP. O principal armamento pesado dos submarinos norte-americanos. Armamento altamente eficaz tanto contra submarinos quanto embarcações de superfície. O *Santa Fe* podia carregar mais de 20 deles em sua sala de torpedos.

**ANAV**    Navegador assistente. Um alistado sênior do departamento de navegação, responsável pela preparação de cartas náuticas e pela navegação segura da embarcação.

**AWOL**    Absent Without Leave [Saída Sem Permissão, em tradução livre]. Também conhecida como UA, ausência não autorizada. Sair do local de trabalho sem autorização.

**BSP**    Brief Stop for Personnel [Parada Breve de Pessoal, em tradução livre]. Uma entrada rápida no porto durante a qual a embarcação normalmente não atraca, mas encontra um barco para transferência de pessoal, correspondência e, com sorte, frutas e legumes frescos.

**BULL NUKE**    Chefe nuclear sênior. Inicialmente o Chefe Brad Jensen, que se transferiu sem ter um sucessor. O *Santa Fe* se beneficiou muito quando o Chefe Mike Ciko assumiu a posição de chefe nuclear sênior depois da posição ter ficado vaga por vários meses.

**CAPITÃO**    Posição de nível 06. Um nível acima de comandante e um abaixo de contra-almirante. Por posição, o oficial comandante de uma embarcação ou submarino. O que é potencialmente confuso é que o nível do capitão de um submarino é comandante, mas o chamamos de capitão. Alternativamente, um comandante de esquadra, cujo cargo é comodoro, tem o nível de capitão.

**CO**    Oficial comandante, "capitão" de um submarino nuclear. Tem o nível de comandante.

**COB** Chief Of the Boat [chefe da embarcação, em tradução livre]. O tripulante alistado mais experiente em um submarino. O *Santa Fe* teve vários chefes da embarcação altamente eficazes: Mike Bruner, Robert Patton e Jeff VanBlaracum.

**CONN** Área elevada na sala de controle ao redor da estação do periscópio. Tipicamente onde o oficial do convés fica de vigília.

**CONTROL** A sala de controle. Uma sala no compartimento à frente, no nível superior, de onde o submarino é controlado, os periscópios são operados e as funções da embarcação são executadas.

**COPY** Baixar mensagens do satélite por rádio. As transferências eram feitas de forma passiva em momentos específicos, de forma que o submarino continuasse em silêncio de rádio. Também chamado de "fazer o download" da transmissão.

**CORPSMAN** Suboficial ou chefe com treinamento médico designado a um submarino, chamado de "Dr.". O "Dr." Don Hill tinha um papel crítico na manutenção da saúde da tripulação, o que permitiu ao *Santa Fe* continuar na estação por períodos estendidos.

**COW** Chefe da vigília. O vigilante responsável por operar os sistemas mecânicos avançados, tais como mastros e antenas, nivelamento, drenagem e ventilação. Se reporta do DOOW — Diving Officer Of the Watch [oficial de mergulho em Vigília, em tradução livre].

**CSP** COMSUBPAC. Commander, Submarine Forces, Pacific. [comandante da Força de Submarinos do Pacífico, em tradução livre]. O oficial encarregado da força de submarinos do Pacífico, desde a linha internacional de data até a Costa Oeste, um contra-almirante. Responsável por preparar os submarinos para destacamentos. Também conhecido como "SUBPAC" quando se refere à equipe como um todo, não somente ao almirante. O Contra-Almirante Al Konetzni era COMSUBPAC quando fui designado para o *Santa Fe* e deu grande suporte a nossas iniciativas.

**DESTACAMENTO** Missão de seis meses longe do porto de origem. Os submarinos no Pacífico eram destacados para o Pacífico ocidental, Oceano Índico e Golfo Pérsico. O *Santa Fe* conduziu dois destacamentos no Golfo Pérsico no período em que servi como seu comandante: um em 1999 e outro em 2001. Durante a Operação Liberdade Duradoura, alguns destacamentos foram estendidos para mais de nove meses.

| | |
|---|---|
| **DIM** | Mensagem Diária de Intenções. Uma mensagem padronizada, transmitida diariamente para a esquadra direcionando os movimentos de todas as embarcações. |
| **DOC** | Ver CORPSMAN. |
| **DOOW** | Diving Officer Of the Watch [oficial de mergulho em vigília, em tradução livre]. Também chamado de "Mergulho", o vigilante, normalmente um chefe, é responsável por RAMOD — Reaching And Maintaining Ordered Depth [atingir e manter a profundidade ordenada, em tradução livre]. |
| **DOWNLOAD** | Ver COPY. |
| **EAB** | Emergency Air Breathing Device [dispositivo de respiração de emergência, em tradução livre]. Uma máscara conectada a uma mangueira de ar e a um coletor de ar para ser usada caso a atmosfera do submarino se torne irrespirável por causa de fumaça ou contaminantes. |
| **ENG ou CHENG** | Engenheiro ou engenheiro chefe. Responsável pelo departamento de engenharia e pelo reator nuclear. O *Santa Fe* se beneficiou em ter Rick Panlilio como engenheiro durante todo meu tempo no comando. |
| **EP** | Early Promote [promoção antecipada, em tradução livre]. A avaliação mais alta do relatório de avaliação de desempenho. Não mais do que 20% do grupo avaliado pode ser classificado como "EP". |
| **EPM** | Motor de propulsão elétrica. Um motor elétrico de reserva, usado quando os motores principais movidos a vapor não estão disponíveis. O motor de propulsão elétrica conduz a embarcação a uma velocidade baixa. |
| **ESL** | Equipment Status Log [registro de situação de equipamentos, em tradução livre]. Uma lista de todos os equipamentos com capacidade reduzida ou deteriorada, com necessidade de reparos, calibração ou manutenção. Normalmente contém milhares de itens. |
| **ESTREITO DE ORMUZ** | Estreito entre o Golfo Pérsico e o Mar Arábico (Oceano Índico). Quarenta por cento dos petroleiros do mundo passam por esse estreito. O estreito fica entre o Irã, ao norte, e Omã e os Emirados Árabes Unidos ao sul. |
| **ESTREITO DE MALACA** | O estreito conta com 804 quilômetros de distância entre o Oceano Índico e o Pacífico Sul. Fica entre a Indonésia, ao sul, e a Malásia e Cingapura, ao norte. Um submarino não consegue operar submerso no Estreito de Malaca, pois ele é muito raso. Um quarto dos produtos comercializados no mundo passam por esse estreito. |

**ET** Técnico em eletrônica. Um técnico em eletrônica era chamado de "cabos de fios", significando que ele lidava basicamente com dispositivos eletrônicos e fios. Poderia se especializar como operador de rádio, contramestre de navegação ou técnico eletrônico nuclear para a central do reator.

**FCS** Sistema de controle de disparos. O sistema de computador usado para programar e controlar os armamentos (mísseis e torpedos) que o submarino disparava.

**FFV** Frutas frescas e vegetais, quando reabastecidos.

**FITREP** Fitness Report [relatório de avaliação de desempenho, em tradução livre]. Relatório de avaliação anual.

**FT** Técnico de controle de disparos. Controle de disparos se refere ao controle de "tiros", dos armamentos que são lançados do submarino.

**INURV** Uma inspeção material conduzida por um grupo de oficiais do Board of Inspection and Survey [Comissão de Inspeção e Pesquisa, em tradução livre]. Seus relatórios têm peso significativo e expõem a força de submarinos para observadores "grandes na Marinha".

**KHAKIS** O grupo de oficiais e chefes. Recebem esse nome pois usam o mesmo uniforme de cor cáqui.

**MANEUVERING** Uma sala de controle dentro da casa de máquinas onde as centrais do reator e o propulsor são controladas. No mar, quatro vigilantes ficam nessa sala: um oficial e três operadores nucleares.

**MESSAGE BOARDS** Prancheta onde as mensagens de rádio eram circuladas; atualmente é feito de forma eletrônica, por e-mail.

**NAV ou NAV/OPS** Navegador ou navegador/oficial de operações. Um dos três chefes de departamento com formação nuclear a bordo do submarino. Os outros são o Weps [chefe de armas, em tradução livre] e o Eng. [chefe de engenharia, em tradução livre]. O *Santa Fe* teve dois navegadores altamente eficazes: Bill Greene, no destacamento de 1999, e Caleb Kerr, no destacamento de 2001.

**NAVSUPE** Supervisor de navegação. Uma estação de vigília ocupada por um alistado sênior ou oficial júnior, que supervisiona o contramestre. Se posicionam quando a condição de navegação é suficientemente delicada para requerer supervisão adicional.

**NJP** Nonjudicial Punishment [punição não judicial, em tradução livre]. Uma forma de justiça militar que permite ao capitão recorrer a uma punição quase imediata sem o julgamento por tribunal militar. Também chamado de *"capitain's mast"*.

**NUKES** Tripulantes alistados com treinamento nuclear. Operam a central do propulsor e representavam quase 1/3 da tripulação.

**OOD** Oficial de convés. O oficial em vigília responsável por direcionar o movimento do submarino e controlar e equipe em vigília. É o representante do capitão na vigília.

**ORSE** Operational Reactor Safeguards Examination [exame de salvaguardas do reator operacional, em tradução livre]. Um evento muito duro na vida de um submarinista! Uma avaliação de navegação completa que testa todos os aspectos da capacidade do submarino em operar e manter a central de propulsão nuclear.

**PACE** Program for Afloat College Education [programa para o ensino superior flutuante, em tradução livre]. Um programa da Marinha para se cursar a faculdade durante destacamentos.

**PCO** Prospective Commanding Officer [aspirante a oficial comandante, em tradução livre]. Um oficial em treinamento preparatório designado para comandar um submarino.

**PD** Periscope Depth [profundidade de periscópio, em tradução livre]. Uma profundidade rasa o suficiente para o periscópio e outros mastros ficarem acima da superfície da água, mas funda o suficiente para manter a torre embaixo d'água para evitar ser detectado.

**PNA** "Passed, Not Advanced." [aprovado, mas não promovido, em tradução livre]

**POD** Plano do dia. Programação diária e avisos administrativos.

**POMCERT** Certification for Deployment [certificação para destacamento, em tradução livre]. Um marco crítico que permite ao submarino partir do porto de origem para operações prolongadas contra adversários potenciais. Estar certificado significa que o submarino está pronto em todos os aspectos — treinamento, provisionamento de pessoal, equipamentos e armamentos — para ir para a guerra.

**PORT/ STARBOARD** É o nome dado à estação de vigília que tem somente duas pessoas que se revezam. Isso significa que cada vigilante "trabalha seis horas e descansa seis horas." Ficam seis horas em vigília e têm seis horas de descanso. É a receita contra a privação de sono.

**PRT** Provincial Reconstruction Team [Equipe de Reconstrução Provincial, em tradução livre]. Equipe civil e militar encarregada de coordenar o desenvolvimento econômico, as relações tribais e a governança em províncias específicas do Afeganistão.

**QMOW** Quartermaster Of the Watch [contramestre em vigília, em tradução livre]. O vigilante responsável por manter a posição do submarino. Fica na sala de controle e é qualificado pessoalmente pelo capitão, uma vigília de alta visibilidade e estresse.

**RHLB** Rigid Hull Inflatable Boat [bote inflável de casco rígido, em tradução livre]. O tipo de bote pequeno que o USS *Rainier* usou para reabastecer o *Santa Fe* no Estreito de Ormuz em 2001.

**SCOPE** Periscópio. O *Santa Fe* tinha dois periscópios: um de "ataque", com uma cruz estreita e nenhum dispositivo eletrônico, e outro "tipo 18", com uma seção maior em cruz e um amplo conjunto eletrônico.

**SCUTTLEBUTT** Rumor, fofoca. Na verdade, é um bebedouro, um lugar onde os marinheiros se reuniam e compartilhavam histórias.

**SSBN** Designação naval para submarino nuclear de mísseis balísticos. O USS *Will Rogers* era SSBN-659.

**SSM** *Manual de Sistema do Submarino*. Livro de procedimentos sobre como operar a parte dianteira do submarino.

**SSN** Designação naval para submarino nuclear de ataque. O USS *Santa Fe* era SSN-763.

**SSORM** *Standard Submarine Organization and Regulations Manual* [Manual Padrão de Organização e Regulamentação de Submarinos, em tradução livre]. O manual que especifica a estrutura organizacional e os principais procedimentos administrativos a bordo do submarino.

**STAND-DOWN** Um período de atividade significativamente reduzida a bordo do submarino. As vigílias no porto são reduzidas ao mínimo, e não são programados treinamentos nem manutenções. A maioria dos tripulantes precisa se apresentar para o trabalho dia sim, dia não. É desejável ter esse período logo antes e no retorno de um destacamento.

**SUBPAC** Ver COMSUBPAC, CSP.

**SUPPO** Oficial de suprimentos. O único oficial sem treinamento nuclear a bordo do submarino, sua função é administrar o departamento de suprimentos. O *Santa Fe* teve dois oficiais de suprimentos extremamente capazes, John Buckley e Chuck Dunphy. Algumas vezes chamados de "Chop" de "Pork Chop" [costeleta de porco, em tradução livre], porque seus broches de lapela se pareciam com costeletas de porco.

**TLAM** Tomahawk Land-Attack Missile [míssil de ataque de terra Tomahawk, em tradução livre]. O Tomahawk era a principal arma tática que tínhamos, com a qual atacávamos alvos em terra. O *Santa Fe* levava 12 TLAMs nos tubos de lançamento vertical na proa e podia dedicar espaço na sala de torpedos para mísseis adicionais a serem lançados dos 4 tubos de torpedos. O míssil Tomahawk é muito preciso e pode voar 1.609 quilômetros.

**TRE** Tactical Readiness Evaluation [avaliação de prontidão tática, em tradução livre]. Uma inspeção de navegação completa que testa a capacidade do submarino de executar suas missões de guerra. Essa avaliação envolve exercícios de atirar torpedos em navios e submarinos amigos que fazem o papel de inimigos.

**UA** Ausência não autorizada. Também conhecida como AWOL.

**VLS** Sistema de Lançamento Vertical. Doze tubos de lançamento vertical de mísseis instalados na proa do submarino. Essa foi uma das diferenças entre os submarinos da classe 688 originais e os "aperfeiçoados", também chamados de classe 688i.

**WARDROOM** Refeitório dos oficiais. Também serve como sala de treinamento, sala de planejamento operacional, sala de reuniões e, se necessário, sala de cirurgia.

**WEPS** Weapons officer [oficial de armas, em tradução livre]. Um dos três chefes de departamento com treinamento nuclear a bordo do submarino. Os outros dois são o engenheiro e o navegador. O *Santa Fe* se beneficiou de ter Dave Adams como oficial de armas nos destacamentos de 1999 e 2001. Dave assumiu o comando do *Santa Fe* em 2011.

**XO** Oficial executivo ou "Exec". O segundo no comando de um submarino nuclear. Pode substituir o posto de capitão caso este fique incapacitado. Tem o nível de tenente-comandante. Tom Stanley foi o oficial executivo no destacamento de 1999, e Mike Bernacchi, no de 2001.

# NOTAS

1. John M. Gibbons, "I Can't Get No... Job Satisfaction, That Is" [conteúdo em inglês] (2009 Job Satisfaction Survey), The Conference Board, janeiro de 2010. <http://www.conference-board.org/publications/publicationdetail.cfm? publicationid=1727> (acessado em 3 de abril 2012).
2. Mercer, "Inside Employees' Minds: Navigating the New Rules of Engagement" [conteúdo em inglês], junho de 2011. <http://inside-employees-mind.mercer.com/referencecontent.htm?idContent=1419320> (acessado em 17 de novembro de 2011).
3. "Employee Engagement: A Leading Indicator of Financial Performance" [conteúdo em inglês]. <http://www.gallup.com/consulting/52/Employee- Engagement.aspx> (acessado em 12 de julho de 2010).
4. Skip Weisman, "Why 44% of Today's Leaders Are Unhappy with Their Employees' Performance" [conteúdo em inglês], 31 de outubro de 2011. <http://www.managementexchange.com/story/why-44-today%E2%80%99s-leader-s-are-unhappy-their-employees%E2%80%99-performance> (acessado em 17 de novembro de 2011). Relata resultados de uma pesquisa.
5. Department of Leadership and Law, U.S. Naval Academy, Karel Montor and Major Anthony J. Ciotti, USMC, eds., *Fundamentals of Naval Leadership* [conteúdo em inglês] (Annapolis, MD: Naval Institute Press, 1984), p. 1.
6. United States Navy Regulations, with change 1, chapter 8 [conteúdo em inglês] (Washington, DC: Department of the Navy, 1990). <http://purl.access.gpo.gov/GPO/ LPS52787>.
7. Theodore Roscoe, *United States Submarine Operations in World War Two* [conteúdo em inglês] (Annapolis, MD: Naval Institute Press, 1988), p. 273.
8. U.S. Energy Information Administration, Independent Statistics & Analysis, "World Oil Transit Chokepoints," [conteúdo em inglês] 30 de dezembro de 2011. <http:// www.eia.gov/emeu/cabs/World_ Oil_Transit_Chokepoints/Malacca.html> (acessado em 11 de fevereiro de 2011).

# ÍNDICE

## A

Abordagem
  centrada em procedimentos 82
  de liderança 44
    hierárquica 80, 101, 178
Academia Naval 51
Ação consciente 195, 224, 236
Aceitar os inspetores 135
  acolher crítica externa 135
Adaptabilidade 232
Agência de Inspeções On-Site 39
Aja de forma consciente 144
Antena de rádio 116
Aprendizado contínuo 33
Atitude questionadora 181, 219, 226
Autoavaliação 237
Autocontrole 237
Autoestima 91, 134
  baixa 73

## C

Central de controle de danos 177
Certificações ativas 161

Clareza 181
  de propósito 181
  organizacional 86, 132, 196, 213
Código Genético do Controle 85
  encontre-o 85
  mude-o 85
Competência 139, 181
  técnica 149, 188
Confiança 103
Consequências organizacionais 91
Construir confiança 190
Corpo de Treinamento de Oficiais da
    Reserva Naval 51
Cultura hierárquica 107
Curiosidade
  reflexiva 202
Curiosidade X Questionador 56, 73

## D

Dados objetivos 212
Delegar
  a autoridade 154
  o controle 86

Demonstração de "atitude" 89
Destacamentos 51
Diluir o controle 77
Distribuir o controle 181

## E

Eficácia 215
  de liderança 45
  operacional excepcional 74
Eficiência 185
Emancipação 233, 236
Empoderamento xxiv, 39, 155, 185, 233
Engajamento
  dos funcionários 162
  intelectual 162
Envolvimento intelectual 161
Escala de vigilância igualitária 168
Escândalo Enron Arthur Andersen 134
Escola de Liderança de Comando 199
Especificar objetivos 179
Esquadra USS Constellation 157
Estrutura
  líder-líder xxiv, 94, 118, 161, 211, 235
  líder-seguidor xxiii, 63, 118, 151, 233
Eu pretendo... 237
Evitar erros 74
  abordagem limitadora 74
Evitar erros X Alcançar a excelência 129, 179, 226
Excelência 74
  operacional 100
    contínua xxvii

tática 185

## F

Falta
  de clareza organizacional 129
  de comprometimento voluntária xxii
  de credibilidade 203
  de iniciativa 70
  de responsabilidade coletiva 94
Filosofia de liderança de baixo para cima 80
Força de Submarinos do Pacífico (SUBPAC) 121
Frustração 73

## G

Gamification 208
Gestão
  da Qualidade Total (GQT) 125
  hierárquica 61
Grupo Sete de Submarinos 215
  no Japão 189

## H

Habilidades operacionais 173

## I

Instruções passivas 161

## L

Liderança
  centrada em personalidade 111
  centrada na personalidade 81

hierárquica  xxvi, 37, 91
Líderes ativos  110
Linguagem empoderadora  109
Los Niños  xxii
   Dr. Scott Mesh  xxii

# M

Manual Padrão de Organização e
       Regulamentação de Submarinos
   63
Mecanismos
  de controle  85
  institucionais  83
Medalha de Conquista Naval  206
Medidas observáveis  212
Melhoria contínua  207
Mentalidade de inspeção  105
Mísseis Tomahawk  62, 123
Modo de sobrevivência  73
Mudança cultural  92

# O

Obediência cega  181, 226
Objetivos organizacionais  213
Organização reativa  118

# P

Paralisia induzida  46
Passividade  70
Pensar em voz alta  130
Posição
  de prestação de contas  87
  de privilégio  87
Práticas líder-líder  77
clareza  77
competência  77
controle  77
Princípios norteadores do USS Santa
   Fe  199
  Abertura  202
  Comprometimento  201
  Conhecimento técnico profundo  201
  Coragem  201
  Empoderamento  201
  Iniciativa  200
  Inovação  200
  Integridade  201
  Melhoria contínua  201
  Pontualidade  202
  Trabalho em equipe  201
Procedimentos
  de liderança  81
  organizacionais  86
Processo
  de qualificação  84
  de reflexão  155
Produtividade perdida  xxii
Programa
  de desenvolvimento de liderança  110
  de empoderamento  40, 86, 229
  de treinamento contínuo  188
  mentor-aprendiz  211
  mentor-mentor  211
Propósito  181
Punição não judicial (PNJ)  142

# R

Reatores Navais  141, 144
Reconhecimento imediato  206

Regra dos três nomes  92, 179
Regulamento da Marinha dos EUA  71
Repetição contínua e consistente da mensagem  170
Resiliência  215
Responsabilidade
　absoluta  72
　visual  83
Ruído de comunicação  203

## S

Seguidores passivos  110
Segunda Guerra Mundial  129, 158, 188, 195, 216
Senso
　de propósito  196
　de responsabilidade  169
Sentimento de propriedade  162
Sistema
　de lançamento vertical  62
　de monitoramento hierárquico  125
　de recompensa em curto prazo  43
Situações de emergência  118
　ordens claras  118
　tomadas de decisão instantâneas  118
Submarino nuclear de mísseis balísticos  35

## T

Torpedo Mk 48 ADCAP  115
Tratado INF (Intermediate-Range Nuclear Forces)  39

## V

Valorize a diversidade de opiniões  119
Verbalizar pensamentos  177

## Projetos corporativos e edições personalizadas
dentro da sua estratégia de negócio. Já pensou nisso?

**Coordenação de Eventos**
Viviane Paiva
viviane@altabooks.com.br

**Contato Comercial**
vendas.corporativas@altabooks.com.br

A Alta Books tem criado experiências incríveis no meio corporativo. Com a crescente implementação da educação corporativa nas empresas, o livro entra como uma importante fonte de conhecimento. Com atendimento personalizado, conseguimos identificar as principais necessidades, e criar uma seleção de livros que podem ser utilizados de diversas maneiras, como por exemplo, para fortalecer relacionamento com suas equipes/ seus clientes. Você já utilizou o livro para alguma ação estratégica na sua empresa?

Entre em contato com nosso time para entender melhor as possibilidades de personalização e incentivo ao desenvolvimento pessoal e profissional.

## PUBLIQUE SEU LIVRO

Publique seu livro com a Alta Books. Para mais informações envie um e-mail para: autoria@altabooks.com.br

/altabooks  /alta-books  /altabooks  /altabooks

## CONHEÇA OUTROS LIVROS DA **ALTA BOOKS**

Todas as imagens são meramente ilustrativas.

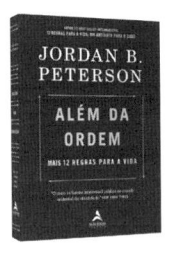

Este livro foi impresso nas oficinas gráficas da Editora Vozes Ltda.,
Rua Frei Luís, 100 – Petrópolis, RJ.